KB245631

나는 리더스타일일까, 참모 스타일일까?

다음 항목 중 자기에게 해당된다고 생각되는 항목 6개를 표시하세요.

1. 나는 나보다 뻬어난 부하에게 질투심을 느끼지 않는다.

2. 나는 일을 한 번 하면 제대로 끝을 보고 만다.

3. 나는 상사의 생각을 충분히 바꿀 수 있다고 생각한다.

4. 나는 어딘가 모자라는 부분이 있다는 생각을 가끔 한다.

5. 나는 자주 흥분하고 다른 사람에게 화를 낸다.

6. 나는 주변의 분위기에 잘 맞추는 편이다.

7. 나는 가끔 분을 이기지 못해 혼자 폭발할 때가 있다.

8. 나는 원칙에 어긋나는 것을 보지 못한다.

9. 나는 자기애가 강한 편이고 조울증이 있다는 말도 듣는다.

10. 나는 화려한 것을 좋아한다.

11. 나는 가끔 자기 과시적이란 소리를 듣는다.

12. 나는 가급적 기분 좋은 상태를 유지하려 노력한다.

1~12번 문항까지 점수를 체크해보세요.

번호	1	2	3	4	5	6	7	8	9	10	11	12
점수	1	2	2	1	1	2	2	2	1	1	1	2

테스트 결과

6점

당신은 강력한 리더! 당신의 꿈을 펼치기에는 세상이 너무 작습니다. 당신의 카리스마를 마음껏 발휘하세요.

7~8점

당신은 리더 스타일에 가깝습니다. 하지만 조금 더 노력하면 당신도 내일의 리더!

9~11점

당신은 참모가 어울립니다. 참모의 기질을 발전시키면 최고의 '킹메이커'가 될 수 있습니다.

12점

당신은 참모의 피가 흐릅니다. 당신은 리더를 최고로 만들 것이며 당신의 조직은 당신을 만난 것을 최고의 선택으로 여길 것입니다.

리더 스타일 참모 스타일

1인자와 2인자의 심리학

HOSAYAKU NO SEISHINKOUZOU-LEADER WO SASAETA MEISANBOU NO JOUKEN By Susumu Oda
Copyright © 2007 by Susumu Oda

Original Japanese edition published by Japan Productivity Center, Japan.
Korean translation rights arranged with Japan Productivity Center, Japan.
And PAPER ROAD, Korea through PLS Agency.

이 책의 한국어판 저작권은 Japan Productivity Center와 PLS 에이전시를 통해
Japan Productivity Center와 독점 계약한 페이퍼로드에 있습니다.
저작권법에 의해 한국 내에서 보호를 받는 저작물이므로 무단 전재 및 무단 복제를 금합니다.

리더 스타일 참모 스타일

1인자와 2인자의 심리학

오다 스스무 지음 — **고경문** 옮김

페이퍼로드
paperroad

누가 리더가 되고, 누가 참모가 되는가

역사에 큰 발자취를 남긴 인물이나 정치인 혹은 재계의 거목들은 본인들의 의지와 상관없이 보통 사람들에게 강한 인상을 남긴다. 강렬한 개성으로 리더십을 발휘한 인물들을 동경하여 '나도 저렇게 되고 싶다'고 생각하는 사람이 많다.

그런가 하면 2인자로 불렸던 인물들도 많은 사람의 기억에 남아 있다. 훌륭한 2인자로 우리의 기억에 남아 있는 인물 중 오히려 1인자보다 더 강렬한 인상을 남겼거나 호감을 주는 인물도 적지 않다.

'나는 1인자의 그릇은 못 되고 1인자의 좋은 참모가 되고 싶다'라고 생각하는 사람도 있겠지만, 좋은 2인자가 되는 것이 상황에 따라서는 1인자, 즉 리더가 되는 일보다 더 어려울 수도 있다.

2인자로 대성한 사람은 어떤 면에서는 1인자보다 뛰어난 능력을 갖춘 경우가 많다. 사람들을 끄는 매력이 있는 1인자는 어딘가 한 군데쯤은 결점이 있기 마련이다. 자신이 모든 것을 완벽하게 처리하기보다 결점이 많아 주위 사람들로 하여금 '이 사람을 내가 도와줘야겠어'라고 생각하게 만드는 것이 1인자의 특징이다.

좋은 2인자가 되려면, 1인자의 부족한 부분을 채워주면서 장점을 인정하고 키워주어야 한다. 하지만, 1인자가 위협을 느껴서는 안 된다. 능력이 뛰어난 2인자일수록 1인자가 '이 사람이 나를 밀어내지 않을까?'라는 의구심을 갖게 되기 쉽다.

이 책에서 나는 뛰어난 2인자 혹은 참모가 되는 조건과 그런 2인지와 함께하기 위해 1인자가 갖춰야 할 조건에 대해 실재 인물을 들어 분석해보았다. 2인자나 참모는 1인자나 리더와 어떻게 조화를 이루어야 하는지를 알려주고, 1인자와 참모가 좋은 콤비를 이뤄 조직이나 기업을 성공으로 이끌도록 조언해주고 싶었다.

정신분석적인 관점에서 유형을 분석하다 보니 부득이하게 '분열기질' '집착기질' '순환기질' 등의 전문용어를 사용했지만, 이는 정신이상을 의미하는 용어는 결코 아니다. 인간이면 누구나 갖게 되는 정신적 경향을 표현하는 용어일 뿐이다. 그 밖의 다른 정신과적 용어들도 정신병을 의미하는 건 아니니 이해하기 바란다.

인간의 타고난 체질과 감정이 결합되어 만들어진 특성을 기질이라 한다. 이러한 기질이 인생을 살아가면서 녹특한 성격을 형성한다. 그래서 우리 모두는 각자 성격적 기질을 갖고 있다.

1인자와 2인자에 어울리는 기질이 따로 정해져 있는 건 아니지만, 탁월한 리더와 뛰어난 참모에게서 공통적으로 발견되는 기질이 아예 없는 것도 아니다. 더구나 어떤 타입의 1인자 혹은 2인자를 만나느냐에 따라 1인자나 2인자로서의 성패 여부가 결정되기도 한다. 따라서 1인자와 2인자의 대표적인 심리 유형을 파악하는 것은 내가 몸담고 있는 조직을 이해하는 데 좋은 참고가 될 것이다.

차례

1인자와 2인자의 심리학

나는 정신과 의사로서 일본 사회경제생산성본부의 정신건강 연구소에서 근로자의 정신건강 문제를 연구했다. 그 연구 결과로 JMI 시스템(Japan Productivity Center Mental Health Inventory : 일본 산업 종사자 정신건강 진단 시스템)을 구축했다. JMI 시스템은 직장, 신체, 정신, 성격의 네 가지 영역으로 나누어져 있으며, 정신건강 진단 프로그램으로 일종의 심리 테스트다. 객관적인 기준과 평가 방법을 개발해 피실험자(근로자)의 프라이버시와 비밀 유지를 중시한 시스템이다. 이 시스템을 통해 이제까지 약 30년간 300만 명에 달하는 일본 근로자들의 정신건강을 평가하고 진단했으며, 그 경험을 통해 얻은 데이터와 피실험자의 요구 사항을 기초로 JMI 2를 개발했다.

출세증후군(Promotion syndrome)

JMI 진단 시스템은 지도자론과 참모론에 유익한 정보를 제공할 뿐만 아니라, 실증적인 데이터에 기초한 분석으로 기업 조직에 속한 인물들이 직급에 따라 어떤 성격 유형을 보이는지 알게 해준다.

평사원과 대리, 과장, 부장, 임원으로 지위가 올라감에 따라 JIM 진단 시스템의 점수는 높아진다. 지위가 높아질수록 점수 차이가 현격하다.

지위가 높을수록 '들뜬 상태' '가벼운 조증' '자기현시' '집착'과 함께 타인에 대한 '공감성(共感性)'을 나타내는 성격 유형을 보인다. 이러한 5가지 항목이 현저히 높게 나타나면, 이를 '출세증후군 (Promotion syndrome)'이라 부른다. 이러한 유형 분류는 본래 정신병리학 진단을 위해 만들어졌다.

'들뜬 상태'나 '가벼운 조증'은 기분이 좋은 상태에서 높게 나타난다. 기업체 중간간부들에게는 '전울(前鬱)기질'이 많다. 전울은 꼼꼼하고, 규칙을 잘 지키며, 어떤 사안이든 확실히 끝맺음하는 성격을 말한다. 나이가 들면서 우울증에 빠지기 쉽다. 즉 중년이 되면서 우울증에 빠지는 사람은 전울 성격인 경우가 많다는 뜻이다. 빼어난 간부는 전울기질이지만, 우울증 수치가 높지 않다. 지위가 상승하면 할수록 우울증 수치가 내려가며, '들뜬 상태'나 '가벼운 조증'은 높아진다. 우울증에 빠지기 쉬운 성격이지만 기분 좋

1인자와 2인자의 성격 유형

스타일	성격유형	상태
1인자	들뜬 상태, 가벼운 조증, 자기현시	들떠 있고, 자신을 어필하고 싶어 하며, 성격이 밝고 화려함을 좋아하는 성격.
2인자	전울기질, 집착성	꼼꼼하고, 규칙을 잘 준수함. 일을 열심히 하고, 어떠한 일이든 확실하게 종결지어야 직성이 풀리며 끈기 있는 성격.

은 상태를 유지하려고 노력한다.

'집착성'은 발작, 폭발성과 짝 지워진다. 발작, 폭발성, 집착성 세 가지가 모이면 간질과 유사한 증세가 발생하는 경우가 빈번하지만, 훌륭한 간부는 집착성만 남아 있으며 폭발성과 발작은 낮게 나타난다.

'자기현시'는 화려함을 좋아하고 외관을 중시하는 것을 말한다. 여기에 피암시성이 더해지면 신경질적이 되지만, 고위간부의 피암시성은 낮다. 자기현시에 피암시성과 불안감이 더해지면 히스테리라는 정신병으로 발전하지만, 뛰어난 간부는 불안과 피암시성이 매우 낮고 자기현시만 높게 나타난다. 타인에 대한 '공감성'이 높았다는 점은 의외였다. 기업에서는 공감성이 높은 사람이 빠르게 진급했다.

2000년대가 되면서 출세증후군이 많이 사라졌다. 출세증후군은 대기업이나 상장기업 관리직에 잘 나타나는 특징이다. 이 예는 기업에서 어떤 사람이 리더가 되는지를 잘 보여준다. 자신이 위와 같은 성격이라는 판단이 서면 '나는 좋은 참모나 간부가 될 수 있다'라고 생각해도 좋다. 하지만, 어디까지나 관리직의 일반적인 경향이지 절대적인 것은 아니다. 이 경향도 몇 개의 유형으로 나누어진다.

먼저 들떠 있고 가벼운 조증이 있으며 자기현시가 강한 사람은 자신을 어필하고 싶어 하고, 성격이 밝으며, 화려함을 좋아하는 사람이다. 한편 전울 성격에 집착성을 보이는 사람은 꼼꼼하고, 규칙을 잘 지키며, 일을 열심히 하고, 어떠한 일이든 확실하게 종결지어야 직성이 풀리는 성격에 끈기가 있는 사람을 말한다. 이러한 두 가지 성격이 '출세하는 사람'의 대표적인 타입이다.

일본의 역사인물로는 전국 시대 3명의 1인자를 자주 거론한다. 오다 노부나가(織田信長)와 도요토미 히데요시(豊臣秀吉), 도쿠가와 이에야스(德川家康)가 그들이다. 오다 노부나가는 "새가 울지 않으면 죽여버려라"고 말하는 유형이고, 도요토미 히데요시는 "새가 울지 않으면 울게 하여라"고 말하는 유형이며, 마지막으로 도쿠가와 이에야스는 "새가 울지 않으면 울 때까지 기다려라"고 말하는 유형이다.

히데요시형은 출세증후군 중 '들뜬 상태' '가벼운 조증' '자기현시'가 강하다. 인내심이 유별난 도쿠가와 이에야스는 전울기질, 집착형의 인물이다. 일반적으로 1인자는 이러한 두 가지 유형으로 나뉘지만, 터무니없는 방법으로 출세하여 리더가 된 사람 중에는 다섯 가지 요소를 다 갖춘 경우도 있다. 히데요시적인 요소와 이에 야스적인 요소를 전부 가진 1인자를 말한다.

일본의 다나카 가쿠에이(田中角栄) 전 총리가 좋은 예다. 그는 '허풍쟁이 가쿠에이'라고 불릴 정도로 거창하게 말하고 화려함을 좋아했다. 항상 들떠 있고 때로는 풀이 죽어 있지만, 매우 전향적인 사람이었다. 또한 '배려의 가쿠 씨'라고 불릴 정도로 전울기질도 있었다. 에치고(越後, 현 니가타현) 출신으로 인내심이 강하고 집요함이 있으며 부단히 노력하여 요시다 시게루(吉田茂, 전 총리), 사토 에사쿠(佐藤栄作, 전 총리)같이 까다롭고 모시기 어려운 지도자를 오랜 기간 잘 보필했다. 한편으로는 아집이 강해 자신의 적이라고 생각하면 가차 없이 응징했다.

이상이 출세증후군에 따른 심리학적인 모델이다.

기질 유형에 따른 모델

그렇다면 기질 유형학에 따른 모델을 살펴보자.

에른스트 크레치머(Ernst Kretschmer)라는 독일의 정신과 의사가 『천재의 심리학』에서 제시한 유형 모델론이다. 예술이나 종교, 과학 혹은 정치 분야에서 천재적인 능력을 발휘하는 사람 중에는 정신의학적인 면에서 보면 상식을 벗어난 사람이 많다. 상식 밖의 심리를 연구하는 학문이 정신병리학이다. 특히, 정신병리학적 분석으로 천재의 업적을 연구하는 학문을 병적학(病跡學, pathography)이라 한다.

크레치머의 유형론은 인간의 성격을 정신적인 병과 관련지어 세 종류로 나눈다. 먼저 '분열기질' '분열병질' '분열증'. 최근에는 '분열기질'이라 부르지 않고 '통합실조증형 기질' '통합실조증형 인격장애' '통합실조증'이라 바꿔 부른다. 두 번째는 '순환기질' '순환병질' '조울증'. 지금은 '정서장애'라고 부른다. 마지막으로 '집착기질' '유사간질기질' '간질계열'.

'통합실조증'인 사람은 '분열기질'로 비사교적이고 내향적인 사람이 많다. 내향적인 성격이 극에 달하면 별난 사람, 이상한 사람이 되는데 이를 '분열기질'이라 한다.

기분장애를 가진 사람이나 가족은 '순환기질'이 많은데, '순환기질'은 현실적인 동시에 사교적이다. 자신이 주변 사람에게 맞추는 경향이 강하다. 지극히 평범한 사람이지만 정도가 강해지면 계속 우울하다든가 계속 기분 좋다든가 또는 우울함과 기분 좋음이 반복되는 현상이 나타난다. 이를 순환병질이라 한다.

'집착기질'은 끈기가 있다. 속도는 느리지만 꾸준하다. 근성이 있고, 권위에 순종하고, 악전고투를 견뎌낸다. 하지만, 화산 같은 성격으로 한번 폭발하면 대책이 없다.

크레치머가 분류한 기질 유형

기질유형	체형	성격
분열기질	마른형	비사교적이고 내향적이어서 남을 잘 사귀지 못한다. 융통성이 없고 성실하며 독특한 사고방식의 소유자. 이상주의적이고 사고방식과 언행에 극단적인 부분이 있다.
순환기질	비만형	현실적이며 붙임성이 좋고, 동정심이 있으며 온화하다. 주변 사람에게 잘 맞춰주는 편이다. 다만 감정적이 되는 일이 많고 우울함과 기분 좋음이 반복되는 등 기분이 쉽게 바뀐다.
집착기질	표준형	끈기가 있고 속도는 느리지만 꾸준하다. 근성이 있고 권위에 순종하고 악전고투를 견뎌낸다. 점잖지만 때로는 감정을 억제하지 못하고 분출시키기도 한다.

 이상은 심리학과 정신의학에서 분석한 일반적인 모델론이다.
참고로 2인자나 명참모의 대부분은 순환기질에 전울기질이다.

1장
역사 속 1인자와 2인자

존경받는 2인자
마오쩌둥과 저우언라이

마오쩌둥
(毛澤東, 1893~1976)

중화인민공화국을 수립한 정치가이자 초대 국가 주석이며, 공산주의자. 초기 중국공산당의 최고지도자. 중앙 제7차 전국대표대회에서 장제스와 국민당 정부에게 연합정부론을 제의하였으나 국공내전에서 승리를 거두고 1949년 장제스와 국민당 일파를 타이완으로 축출했으며, 잔여 군벌들을 숙청하고 중국을 통일하였다. 1949년 혁명 군사위원회 주석과 1950년 임시 국가수반을 거쳐 1954년부터 1959년까지 초대 중화인민공화국 국가주석으로 재직했다. 국가주석 재직 중 제2차 5개년계획의 개시와 더불어 3면홍기 운동을 폈고 문화대혁명을 일으켜 자신의 권력을 강화하였다. 1931년 이후 중국공산당의 지도적 역할을 맡아왔으며, 1949년부터 1959년까지 중화인민공화국의 국가주석을 지냈다. 국가주석직에서 물러난 후에도 중국공산당 당주석에 전임하며 사망할 때까지 실권을 행사했다.

저우언라이
(周恩来, 1898~1976)

중화인민공화국의 혁명가, 정치지도자이며, 사회주의 운동가. 중화인민공화국의 총리(1949~76)와 외교부장(1949~58)을 역임했다. 혁명과정에서 중요한 역할을 했고 후에 중국정부의 외교문제를 전담했다. 중국공산당 초기인 1921년부터 지도자적 역할을 했으며, 20세기 중국의 위대한 정책가 중 한 사람으로 손꼽힌다. 정책 시행에 뛰어났고 세부사항을 파악하는 데 초인적인 힘을 발휘했다. 언제나 당 지도부에서의 위치를 유지하면서 내부 갈등으로부터 비롯된 숙청에서 살아남았다.

마오쩌둥이 정치와 군사를 주관한 반면 그는 외교와 협상, 교육 문제를 분담하였다. 고위 권력자임에도 청렴하였으며 권력자로 행세하지 않았다. 성실성과 친화력으로 인망을 얻었으며, 만년의 마오쩌둥은 그를 경계하였으나 2인자임에도 지위에 연연하지 않고 마지막까지 마오쩌둥을 성실하게 보좌하여 애국적 인물로 알려져 있다.

"저우언라이는 혁명의 몽상가이자 이상가인
마오쩌둥의 측근으로 실무를 담당했다.
마오쩌둥은 대약진 정책과 문화대혁명 등,
혁명의 꿈에 홀려 열병에 걸린 듯 실정을 반복해
많은 희생자를 낳았지만, 이러한 문제들을 수습하는
사람은 언제나 저우언라이였다."

리더 스타일 참모 스타일

비교적 최근의 인물로 중국인이 이상적인 남성상으로 지목하는 인물이 저우언라이(周恩来)다. 저우언라이는 남성의 미학을 실천한 인물로 평가된다. 중국 지식인이 호의를 가지고 높이 평가하는 정치인은 저우언라이와 주룽지(朱鎔基)가 대표적이다. 저우언라이를 비판적으로 보는 지식인도 있지만, 그들마저도 '주 총리'라고 경칭을 붙여 부른다. 마오쩌둥의 시신은 기념관에 안치되고 중국의 여기저기에 마오쩌둥의 초상화나 동상이 많이 있지만, 저우언라이의 초상화나 동상은 그리 많지 않다. 그럼에도, 중국인들은 저우언라이를 존경하고 때때로 그리워한다.

　시안(西安)에서 동쪽으로 30킬로미터 정도 가면 화칭지(華淸池)라는 온천이 있다. 당나라 시인 백락천(白樂天)이 현종과 양귀비의 사랑을 노래한 「장한가(長恨歌)」의 무대로 유명하다. 중국의 온천은 벽돌로 만든 욕조가 늘어서 있고 돈을 내면 온천수로 욕조를 채워준다. 그중 '저우언라이 총리가 들어갔던 욕조'라고 적힌 욕조가 지금도 남아 있다. 나도 이 욕조를 사용해보았는데, 중국 국내 관광객에게 매우 인기가 있다. 시안 근교에는 '저우언라이 총리가 자주 왔던 요릿집'이 있다. 이 가게의 주인은 "이 요리는 저우언라이 총리가 매우 좋아하던 요리"라고 자랑한다. 이 이야기를 들은 중국인들은 앞 다투어 그 요리를 주문한다. 이렇게 중국인들은 저우언라이를 진정으로 그리워한다.

중국인은 마오쩌둥을 존경했지만 동시에 두려워하기도 했다. 문화대혁명 때는 엄청나게 잔혹한 짓을 저질러 일설에는 600만 명에 달하는 인민이 희생되었다고 한다. 이때의 기억이 지금도 남아 마오쩌둥을 싫어하는 사람도 꽤 많다. 하지만, 저우언라이는 중국에서 진정으로 존경받고 있다. "저우언라이가 마오쩌둥 주석보다 오래 살았다면 좀더 일찍 문화대혁명의 충격에서 벗어나 중국은 더 빨리 좋아졌을 것이다"라고 말하는 지식인마저 있을 정도다.

전부를 알고 전부를 넘어서다

문화대혁명을 객관적으로 분석해보면, 저우언라이 총리도 문화대혁명에 전혀 책임이 없다고는 말할 수 없다. 하지만, 중국인들은 저우언라이 총리를 용서했다. 저우언라이가 이렇게까지 사랑

마오쩌둥(앞줄 정중앙)과 저우언라이(앞줄 왼쪽 끝). 저우언라이는 혁명의 몽상가이자 이상가인 마오쩌둥의 측근으로 실무를 담당했다.

받는 이유는 제갈공명과 겹치는 부분이 있기 때문이다.

부호의 집에서 태어난 저우언라이는 고교 시절 연극에서 여성역을 맡을 정도로 잘생겼다. 덩샤오핑(鄧小平)과 함께 프랑스로 유학 가, 아르바이트를 하면서 선진 기술과 문화를 배웠고, 귀국해서는 중국공산당의 초기 멤버가 되었다. 당시 저우언라이는 마오쩌둥보다 서열이 높았다. 국민당에 쫓겨 산속으로 도망쳐 피신하던 중에 열린 회의에서 공산당의 방침이 도시를 중심으로 한 노동운동에서 농촌을 중심으로 한 게릴라전으로 바뀌었다. 농촌에서 촌스러운 게릴라전 중심의 혁명을 일으키자고 주장하며 실권을 쥔 사람들이 바로 마오쩌둥파였다. 그때 저우언라이는 자기비판을 명령받고 마오쩌둥 아래로 강등되지만, 얼마 후 2인자로서 발돋움하고 마오쩌둥을 지원한다.

　마오쩌둥은 혁명의 천재다. 게릴라전 이론서인 『유격전론』을 보면 전투에도 탁월했다. 시집을 낸 시인이기도 했던 그는 이상가이자 몽상가였다. 영웅이자 시인인 마오쩌둥은 『삼국지』의 조조와 비슷한 면이 많다.

　마오쩌둥은 감수성이 예민한 시인이지만, 매우 잔혹한 면도 있어 사람 죽이는 일을 대수롭지 않게 생각했다. 그는 '혁명에 희생자가 생기는 것은 당연하다'라고 생각했다. 저우언라이는 혁명의 몽상가이자 이상가인 마오쩌둥의 측근으로 실무를 담당했다.

　저우언라이의 실무 능력과 사무 처리 능력은 발군이었고 내정과 외교의 현안을 정확히 풀어나갈 능력을 갖추고 있었다. 주변의 모든 사람이 '저우언라이 총리는 무엇이든 알고 있어'라고 생각해 그와 의논했다. 요리에 대한 식견도 넓어 키신저와 닉슨이 중국을 방문했을 때 어떤 요리를 대접할지 직접 결정하고 세세한 식사 메뉴까지 챙겼다. 저우언라이의 지시는 매우 정확하고 빈틈이 없어 누구도 트집 잡지 못했다. 마오쩌둥은 공산당주석, 저우언라이는 국무원총리, 류사오치(劉小奇)는 국가주석이었다. 이렇게 3두 체제로 그들은 중국을 통치했다.

　저우언라이가 국무원총리를 역임할 때 중국의 내정은 파탄의 길을 걷지 않았다. 사실 저우언라이는 파탄지경인 중국을 온 힘을 다해 바로세우고 있었다. 마오쩌둥은 대약진 정책과 문화대혁명 등,

혁명의 꿈에 홀려 열병에 걸린 듯 실정을 반복해 많은 희생자를 낳았지만, 이러한 문제들을 수습하는 사람은 언제나 저우언라이였다. 저우언라이는 어려운 시기에 중국이 파탄나지 않게 국정을 꾸려나갔다.

마오쩌둥.

저우언라이는 제3세계를 결집하여 미국, 유럽에 대항하려 아시아, 아프리카 회담을 많이 개최했다. 당시의 중국은 지금같이 경제적으로나 군사적으로 강하지 못했다. 경제적인 면은 빈곤한 개발도상국 수준이었지만, 외교적인 품격과 자존심은 매우 높았다. 저우언라이는 아시아, 아프리카 외교를 구체적으로 입안하고 외국의 지도자와 만나 중국의 위엄과 신뢰를 얻는 데 주력했으며 상당한 성과를 보았다. 저우언라이의 개인적인 인덕과 인간적인 매력이 크게 작용한 결과다.

저우언라이는 대외적으로 중국의 품위를 지키고 국내 사정이 어려워지지 않게 부단히 노력했지만, 그의 노력만으로는 한계가 있었다. 마오쩌둥이 실시한 문화대혁명으로 '사인방(幇)'이 경제 원칙을 무시한 정책을 펴고, 중국의 명망 있는 지식인을 탄압하고 백성을 도탄에 빠뜨리는 등 나라가 결딴이 나버렸다. 보통 사람이

저우언라이.

라면 "다시는 같이 일하고 싶지 않고, 할 수도 없다"라며 내팽개쳐버렸겠지만, 저우언라이는 묵묵히 마오쩌둥을 지원하고 뒷수습에 열중했다. 저우언라이가 없었다면 중국은 분명히 붕괴했을 것이다.

저우언라이는 암에 걸려 마오쩌둥보다 먼저 죽었다. '사인방'은 장칭(江靑, 마오쩌둥의 부인), 야오원위안(姚文元), 왕훙원(王洪文), 장춘차오(張春橋) 4인으로 '문화대혁명' 중 세력이 커진 당내 파벌을 이용해 반란을 도모했다. 그들은 자신에게 동조하지 않는 당내 동지들을 핍박하고 중국을 심각한 위기에 빠뜨렸다. 저우언라이가 사망했을 때 중국인들은 톈안먼(天安門) 광장에 모여 그를 추도했다. 사인방은 이를 '마오쩌둥 주석에 대한 반역 행위'로 규정하고 덩샤오핑을 배후로 지목해 부총리였던 덩샤오핑을 몰아냈다.

사인방은 마오쩌둥의 심복인 저우언라이의 장례마저 방해했다. 결국, 은인이자 동료인 저우언라이의 훈도(薰陶, 교화와 훈육)를 받고 유의(流儀, 특유의 방식)를 따른 덩샤오핑이 2차 톈안먼 사건을 해결했다. 2차 톈안먼 사건 때의 중국은 붕괴 직전에 처해 있었다고 해도

　　　　　　　　　　　　리더 스타일 참모 스타일

과언이 아니다. 덩샤오핑은 '저우언라이라면 어떻게 했을까'를 생각했고 사건 뒤의 혼란을 잘 수습해 중국 발전의 기초를 다졌다. 톈안먼 사건 후의 혼란이 그 정도로 수습된 것은 저우언라이의 눈에 보이지 않는 가르침 덕분이다.

2인자를 지향하지 않는 2인자

저우언라이는 어떻게 2인자 자리를 계속 지킬 수 있었을까. 마오쩌둥은 다루기 어려운 인물로 그와 함께 일하는 것은 만만치 않았다. 이는 마오쩌둥이 측근들을 어떻게 잘라냈는지를 보면 알 수 있다.

중국의 혁명 1세대에는 걸출한 인물이 많았다. 문화대혁명 때 1인자는 당연히 마오쩌둥이었고 2인자는 류사오치, 표면상의 서열 3위는 린뱌오(林彪)였다. 류사오치, 린뱌오는 모두 비참한 최후를 맞았다. 문화대혁명 이전에도 마오쩌둥과 동향인 데다 부수상, 국방부장까지 올랐던 펑더화이(彭德懷)가 험한 꼴을 당하기도 했다. 펑더화이는 중국공산당 간부 중 유일하게 마오쩌둥에게 주석이라는 경칭을 쓰지 않고 대화할 정도로 막역한 사이였다. 서로 신뢰도 깊어 한국전쟁 때는 중국인민지원군 총사령관을 지냈다. 마오쩌둥이 대약진 정책의 일환으로 황당한 농업 정

왼쪽부터 저우언라이, 조지 마셜, 주더, 장즈중, 마오쩌둥. 국공내전시기 1946년 1월 미국 트루먼 대통령의 특사 조지 마셜이 홍군의 근거지인 옌안까지 찾아왔다.

책을 시행해 아사자가 속출하자 펑더화이는 「대약진 정책은 무모하다」라는 보고서를 작성해 올렸다. 이를 접한 마오쩌둥은 격분하여 펑더화이를 파면하고 추방해버렸다.

결국, 대약진 정책은 실패했다. 마오쩌둥은 책임을 지고 주석 자리를 류사오치에게 물려주지만, 다시 문화대혁명을 일으켜 류사오치를 몰아내고 추방한다. 류사오치는 『공산당원의 수양을 논한다』라는 책을 쓸 만큼 이론적으로도 뛰어난 인물이었다. '공산당원이라 할지라도 윤리도덕을 중시하여야 한다'라는 류사오치의 주장에 덩샤오핑의 지시를 받은 근위병들이 '과거 황제, 군주제로의 회귀를 추구하는 인물'이라고 시비를 걸어 규탄했다. 결국 류사오치의 아내인 왕광메이(王光美)에게 미국의 스파이 혐의를 씌웠다.

리더 스타일 참모 스타일

닉슨 대통령과 저우언라이. 1972년 닉슨은 미국 대통령으로서는 처음으로 중국을 공식 방문하여 중국과 수교를 맺었다. 저우언라이는 외국의 지도자와 만나면 중국의 품격을 높여 신뢰를 얻는데 주력했다.

류사오치는 아내와 떨어져 실의에 빠진 채로 죽음을 맞았다.

그 후 마오쩌둥은 문화대혁명을 지지한 린뱌오를 후계자로 지목하지만, 린뱌오는 얼마 안 있어 신임을 잃었다. '이대로 있으면 죽는다'라는 위기를 감지한 린뱌오는 소련으로 탈출하다 비행기가 추락해 사망했다. 이렇게 마오쩌둥의 2인자들은 모두 추방, 숙청당했다. 류사오치와 린뱌오는 마오쩌둥의 후계자 위치에 오른 순간 실각했다. 그들은 마오쩌둥을 비판하거나 몰아내려 하지 않았지만, 마오쩌둥은 권력을 놓고 싶지 않았고 그들에게서 위협을 느꼈다.

그들은 2인자로서 실력이 있었지만 '마오쩌둥 대신에 실질적으로 중국을 통치할 수 있을지도 모른다'라고 생각한 순간 쫓겨났다.

마오쩌둥(앞줄 오른쪽)과 장제스(앞줄 중앙)는 1945년 8월 28일부터 10월 10일까지 충칭에서 국·공 담판을 벌였다. 앞줄 왼쪽은 회담을 주선한 미국 헐리 특사.

마오쩌둥은 2인자가 지나치게 주목받는 것에 매우 민감하게 반응했다. 머리말에서 말한 바와 같이 1인자가 '이 사람이 나를 밀어내지 않을까'라고 생각하는 순간 모든 것은 끝난다. 이렇듯 마오쩌둥의 측근이면서 의심받지 않는 일은 대단히 어려웠다.

마오쩌둥은 심각한 나르시시스트로 매우 냉정한 성격, 즉 냉정성 인격장애를 가지고 있었다. 대약진 정책도 엄청난 희생이 따랐지만 별다른 죄책감이 없었고 건국의 동지를 내치면서 권력을 유지하려 했다. 자신에게 온 힘을 다한 저우언라이에게도 감사의 마음을 표시하지 않았고, 저우언라이가 암에 걸려 입원했을 때도 치료를 방해했다는 소문이 있을 정도였다.

이러한 경우에는 2인자를 노리면 위험하다. 2인자를 노리지 말

리더 스타일 참모 스타일

고 서열 3, 4위를 유지하며 천재의 이상을 현실화하는 데 실무 능력을 발휘하는 것이 바람직하다. 저우언라이는 이러한 방법을 선택했다. 1인자와 어느 정도 거리를 두고 모시는 방법도 경우에 따라서는 필요하다. 하지만, 서열 3위로의 생존

마오쩌둥과 저우언라이. 마오쩌둥은 저우언라이의 실무 능력을 높이 평가하고 '이 사람이 없으면 내가 잘될 수 없다'라고 생각했다.

법을 택하면 1인자의 폭주를 저지할 수 없다. 저우언라이도 마오쩌둥의 문화대혁명 폭거를 저지하려 하지는 않았다.

리더를 알아본 참모, 참모를 신뢰한 리더

저우언라이가 결과적으로 추방당하지 않은 이유는 자신이 2인자, 즉 후계자의 임무를 맡으려 하지 않았기 때문이다. 저우언라이는 실력과 인망이 뛰어났지만, 중국공산당 서열 3위인 국무원총리였다. 저우언라이는 국무원총리를 27년간이나 수행했지만, 2인자 물망에 오르면 "내가 아니면 누가 국무원총리를 하겠는가"라고 말하며 2인자의 자리를 거부했다. 극단적으로 표현하자면 저우언라이는 2인자의 자리를 피해 도망 다닌 셈이다. 실제로는 2인자 역할

을 했지만, 명목상으로 2인자가 되는 짓은 절대로 하지 않았다.

저우언라이의 이런 행동에는 몇 가지 이유가 있었다. 젊은 시절 그는 중국의 혁명을 인생의 목표로 삼았다. 제갈공명이 한(漢) 왕실의 재건을 자신의 사명이라고 생각한 것과 같이 중국의 부흥을 자신의 사명이라고 생각한 것이다.

저우언라이는 마오쩌둥의 군사적 재능을 발견하고 지도자로 지지했다. 그는 마오쩌둥이 게릴라전의 명수이자 혁명의 천재이고 자신은 실무자형이라는 사실을 일찍이 간파했다. 똑똑한데다 많이 배운 그가 마오쩌둥의 결점을 보지 못했을 리 없다. 지금의 중국은 붕괴할 턱이 없지만, 과거에는 여러 차례 붕괴의 위기를 겪었다. 저우언라이는 자신이 손을 떼면 나라가 망한다는 것을 잘 알고 있었다. 마오쩌둥을 배신하고 자신이 중국을 지배하려 반란을 일으키면 나라가 위험해진다는 사실도 잘 알고 있었다. 그는 영원히 참모로 남는 것이 나라를 유지하는 최선의 선택이라고 생각했다.

이처럼 재능 있는 사람이 스스로 참모를 자처하는 경우도 있다. 물론 저우언라이와 마오쩌둥 사이에는 인간적인 신뢰감도 있었다. 저우언라이는 마오쩌둥의 결점은 알았지만, 마오쩌둥의 천재석인 혁명가로서의 재능을 인정했다. 저우언라이는 자신을 천재라고 보지 않고 혁명의 실무자라고 생각했다. 마오쩌둥은 저우언라이의 실무 능력을 높이 평가하고 '이 사람이 없으면 내가 잘될 수 없다'라고 생각했으며 저우언라이를 숙청하려 들지 않았다.

리더 스타일 참모 스타일

이런 형태의 2인자 혹은 참모를 두는 것이 1인자에게 가장 이상적이지만, 흔히 있는 일은 아니다. 저우언라이 같은 2인자는 1인자 이상으로 주위의 신뢰를 받는다.

중국 국민은 실제로 저우언라이를 마오쩌둥 이상으로 의지했다. 대약진운동과 문화대혁명이 중국 인민에게 끼친 피해를 생각하면 저우언라이가 마오쩌둥을 보좌해온 일이 중국 인민을 행복하게 만들었다고는 할 수 없지만, 저우언라이는 중국을 붕괴시키지 않으려면, 마오쩌둥을 지원할 수밖에 없다고 믿었다.

역사에 남은 명참모
유비와 제갈공명

유비
(劉備, 161~223)

중국 삼국 시대 촉한의 초대 황제(221~223)로, 자는 현덕(玄德), 시호는 소열황제. 전한(前漢) 경제(景帝)의 아들인 중산정왕(中山靖王) 유승(劉勝)의 후손으로 알려져 있다. 『삼국지』의 흔한 군웅들과 달리 뚜렷한 기반이 없이 짚신 장수로 출발한 유비였지만 한고조의 풍도를 가지고 관우, 제갈량 같은 인재들을 등용하여 당대의 패자였던 조조와 끝까지 맞서 촉한 제국을 건국하였다. 『삼국지 촉서』에서는 유비를 두고 "지조가 견고하고, 포용력이 있으며 참을성이 있고 남의 장점을 잘 인정하며, 이렇다 할 인물에게는 스스로 자기를 낮추는 점은 한나라 시조 유방을 생각하게 한다. 그 대신 계략을 꾸며서 기회를 잡는 능력은 숙적인 조조보다 못하다"고 했다.

제갈량
(諸葛亮, 181~234)

중국 삼국 시대 촉한의 모신(謀臣). 자는 공명(孔明)이며, 별호는 와룡(臥龍)·복룡(伏龍). 전란의 시대, 형주의 초야에서 지내던 중 유비의 삼고초려로 세상에 나온 제갈량은 재략과 웅재로써 유비를 도와 촉한을 건국하는 제업을 이루었다. 적벽에서 손권과의 연합을 이끌어내 당대 최강의 제후인 조조의 남하를 저지하였고 형양을 차지한 후 익천을 도모해 유비를 제위에 오르게 하였으며, 제갈량은 승상의 직에 오른다. 유비의 사후 출사표를 후주 유선에게 올린 후 중원을 도모하였으나 라이벌 사마의와의 대결 도중 오장원에서 숨을 거두었다. 그의 출사표는 후세 사람들이 이 글을 보고 울지 않으면 충신이 아니라고 평하는 명문으로 꼽히고 있다.

"공명은 전형적인 참모였다.
유비는 과거 천하를 통일한 한 왕조같이
백성을 행복하게 만들겠다는 막연한 이상만
품고 있었지 구체적인 계획은 전혀 없었다.
하지만, 공명은 천하대계를 세우고
조조에게 대항하는 전략인
천하 삼분지계를 펼쳤다."

1인자와 2인자의 관계가 반드시 능력에 따른 서열 관계인 것만은 아니다. 역사를 살펴보면 이러한 경우가 많다. 특히 『삼국지』의 제갈공명과 유비 현덕의 예는 이에 해당한다. 제갈공명은 동서고금을 통틀어 가장 이상적인 2인자로 거론된다. 『삼국지』는 서기 200년대, 중국의 위(魏), 오(吳), 촉(蜀) 세 나라의 흥망을 그린 역사서로 이를 토대로 한 『삼국지연의』가 전 세계에 널리 읽히고 있다. 『삼국지』 팬에게 "제갈공명과 유비 현덕 중 누가 되고 싶은가?"라고 물으면 십중팔구 "제갈공명이 되고 싶다"라고 대답한다.

인망 있는 1인자와 유능한 2인자

유비는 전쟁을 잘하는 무장 타입이 아니었고 강하지도 못했다.

삼국시대 촉나라 군주 유비. 조조는 세상의 영웅은 유비와
자신뿐이라고 호언했다고 한다.

정치와 외교 면에서도 실책을 연발했지만 불가사의하게도 인망이 두터웠다. 이는 히데요시의 '히토타라시(人たらし, 사람을 좋아하고 사람들로부터 사랑받는 것_옮긴이)'와 일맥상통하는 면이 있다. 유비는 관우, 장비와 함께 그 누구도 따를 수 없는 강한 결속력을 보였다. 그들은 유비에게 매료되어 모든 희생을 감수하고 몸과 마음을 다해 충성했다. 충성의 이면에는 유비가 몰락한 집안 출신이지만, 한(漢) 왕조의 피를 이은 유가(劉家)의 일족으로 '왕가 혈통'이라는 강점도 영향을 미쳤다. 전투는 연전연패였다. 유비가 조조에게 패했을 때 이상하게도 난민들은 패퇴하는 유비의 뒤를 따랐다. 백성은 "정이 많은 유비는 우리를 비참하게 버리지 않을 것"이라고 생각했기 때문이다.

유비가 촉을 지배할 수 있었던 이유는 제갈량의 도움이 있었기 때문이다. 공명은 은거 중인 지식인으로 농사를 지으며 숨어 살고

리더 스타일 참모 스타일

있었다. 유비가 자신을 도와달라고 방문하지만 좀처럼 승낙하지 않았다. 유명한 '삼고초려'로 세 번째 방문에 겨우 공명은 유비의 제안을 받아들인다.

공명은 전형적인 참모였다. 유비는 공명을 전폭적으로 신뢰하여 모든 것을 공명의 말대로 따랐다. 유비는 과거 천하를 통일한 한 왕조같이 백성을 행복하게 만들겠다는 막연한 이상만 품고 있었지 구체적인 계획은 전혀 없었다. 하지만, 공명은 천하대계를 세우고 유비의 세력을 키우려면, 쓰촨성(四川省)이 적격이라고 생각하여 촉의 둥지를 쓰촨성에 틀었다. 공명은 남부의 양쯔(揚子) 강 유역을 오나라에 맡겨 중원을 지배하는 조조에게 대항하는 전략인 천하 삼분지계를 펼쳤다.

공명은 쓰촨성을 거점으로 중원, 즉 황허(黃河) 강 유역으로 세력을 넓히려 전쟁을 일으켰다. 당시 조비와 손권이 각각 위나라와 오나라를 세워 스스로 황제라 칭하자 공명은 가장 약체인 촉을 대등한 위치로 올리려 유비를 촉의 황제로 등극시킨다. 유비는 한나라 황실의 혈통을 이은 정통성이 있어 가장 유리한 입장이었지만, 국력과 군사력은 위의 상대가 되지 않았으며 농업 생산성도 양쯔 강 유역의 비옥한 땅을 가진 오를 따라갈 수 없었다.

공명은 유비를 '능력이 없는 사람'이라고 생각했을 것이다. 하지만, 공명은 생애를 바쳐 유비에게 충성을 다한다. 유비는 단 한 번, 공명의 의견을 무시하고 오와 전투를 벌여 관우와 장비를 잃는다.

지략과 전술의 귀재인 제갈공명은 동서고금을 통틀어 가장 이상적인 2인자로 거론된다.

유비는 공명에게 다음과 같은 유언을 남겼다.

"그대의 재능은 위의 조비보다 10배는 뛰어나오. 내 아들 유선이 황제로서의 자질이 있으면 유선을 보좌해주시게. 반드시 나라를 안정시키고 통일을 이룰 수 있다고 믿어 의심치 않네. 혹, 유선이 제왕의 그릇이 아니라면, 공명 자네가 유선 대신 황제가 되어 이 나라를 이끌어주시게."

사실 유선은 황제가 될 만한 그릇이 아니었으며 능력도 없는 후계자였다. 하지만, 공명은 유선을 철저하게 보좌하며 전투를 치렀고 촉나라 어디에서도 불만이 나오지 않게 통치했다. 공명은 만년에 중국 통일을 이루려 위 정벌에 나섰다가 승산 없는 전투를 벌여 궁지에 빠진다.

공명은 "일개 서생으로 은둔 생활을 하는 나를 유비는 삼고초려로 대해주었다. 유비의 유지를 받들어 반드시 중국 통일의 위업을

리더 스타일 참모 스타일

달성하고 싶다. 그것을 생각하니 눈물이 멈추지 않는다"라며 비장하게 출정했다. 주군과의 의리를 지키려는 강한 신념이 무리한 전쟁을 강행한 이유였다. 전쟁 도중 공명은 사망했다. 공명의 자식들은 전사하고 유선은 위의 포로가 되어 촉은 결국 위에 의해 망하고 말았다.

"공명은 마속을 죽일 수 있지만, 유비는 마속을 죽일 수 없다"

공명은 왜 이렇게까지 유비에게 의리를 지켰을까?

먼저 의(義)다. 최근의 중국인은 의를 중요하게 여기지 않는다고 하지만, 당시 중국의 의는 사나이의 약속이며 절대로 지켜야만 하는 룰이었다. 의를 지키지 않는 사람은 인간망종 취급할 정도로 의를 중시했다.

또한, 공명은 유비의 인품, 즉 인간적인 매력에 빠졌다. "자신보다 못한 주군을 모시는 공명의 생각을 이해 못 하겠다"라고 말하는 사람도 있지만, 공명은 자신과 유비의 성격을 잘 파악했다. 유비는 빼어난 능력을 갖추지 못했지만, 관용적이고 성실하며 애정이 넘치는 사람이었다. 인덕(仁德)이 있었다.

세상에는 왠지 모르게 신뢰가 가는 사람, 어쩐지 미워할 수 없고

같이 있기만 해도 편안한 사람이 있다. 『삼국지』에 묘사된 유비는 말로 표현하기 어려운 인덕의 소유자였다.

머리가 영민한 공명은 상황에 따라 냉정한 결단을 내린다. 가장 대표적인 예가 '읍참마속(泣斬馬

공명은 자신이 '냉정하다'라고 자평하고, '자신과 같은 사람은 지도자가 될 수 없다'고 생각하여 2인자로 남았다.

謖)'이다. 공명은 자신의 명령을 따르지 않아 큰 패배를 당한 마속에게 참수형을 명한다. 마속은 공명이 소중하게 키운 인재였지만 군율을 지키려 마속을 희생하고 눈물을 흘렸다.

공명은 필요한 경우 정확하고 냉철한 결단을 내리지만, 그것은 양날의 칼이었다. 지나치게 예리하고 정확한 결단을 내리기 때문에 주위 사람들과 거리가 생겼다. 공명은 자신이 '냉정하다'라고 자평하고, '자신과 같은 사람은 지도자가 될 수 없다'고 생각하여 2인자로 남았다. "공명은 마속을 죽일 수 있지만, 유비는 마속을 죽일 수 없다"고 해도 과언은 아니다. 공명은 전략적·전술적·정략적 능력 어느 하나도 부족함이 없는 2인자였으며 성실하고 사욕도 없었다. "나는 약간의 논밭과 과수원이 있어 생활에 어려움이 없다. 재산도 자손에게 물려주지 않을 것이다"라고 말했으며 실제로도 청

리더 스타일 참모 스타일

빈한 생활을 했다. 발군의 지성과 능력을 갖추고 1인자를 보좌하는
사람을 보면 공명의 모습이 떠오른다.

몽상가와 실무자의 조합
마르크스와 엥겔스

카를 마르크스
(Karl Marx, 1818~1883)

마르크스주의를 창시한 독일의 경제학자, 철학자, 사회학자, 공산주의 계열 혁명가. 독일(당시는 프로이센) 트리어에서 부유한 유대인 변호사 가문의 아들로 태어났다. 자유롭고 교양 있는 가정에서 성장하였으며 그리스와 로마의 신화·미술사, 법률·역사·철학을 다양하게 공부하였다. 1842년 1월 창간된 라인주의 급진적 부르주아의 기관지 《라인신문》의 주필로 활약했다. 1843년 관헌에 의하여 《라인신문》이 폐간되자 프로이센 귀족의 딸로 네 살 연상인 W. 예니와 결혼하여, 파리로 옮겨가 경제학을 연구하는 한편 프랑스의 사회주의를 연구하였다. 1842년에 한 번 만난 적이 있는 엥겔스와 재회하여 상호 친밀한 관계를 유지했으며, 때로는 정치적 의견을 기탄없이 교환하는 사이로서 그들의 우정은 일평생 지속되었다. 헤겔 좌파 사상을 비판했으며 공산주의자 동맹에 참가하여 활약하던 중 엥겔스와 공동으로 1848년 『공산당선언』을 발표했다. 1867년에는 『자본론』을 집필했다. 『자본론』 제1권은 1867년에 출간되었지만 제2권, 제3권은 마르크스가 속간 준비 중에 사망했기 때문에 그가 남긴 초고와 노트에서 남긴 자료를 기초로 하여 엥겔스가 편집하여 발간하였다.

프리드리히 엥겔스
(Friedrich Engels, 1820~1895)

독일의 사회주의 철학자·경제학자로 마르크스주의의 창시자 중 한 사람. 부유한 공장주의 8형제 중 장남으로 태어났다. 가업에 전념하기 위하여 김나지움을 중퇴하고 바르멘과 브레멘에서 가업에 대한 수련을 쌓으면서, 틈틈이 평론·시 등을 써 F. 오스발트라는 필명으로 신문 등에 발표하였다. 이를 계기로 '자유'라는 청년 헤겔주의자 모임에 가입할 수 있었고, 이 모임에서 철학·종교 논쟁에 대한 무서운 선전가로 인정받았다.

1842년 아버지가 관계하던 공장에 입사하기 위하여 맨체스터로 가던 도중 쾰른의 《라인신문》 편집소에서 처음으로 마르크스와 만나게 되었다. 1845년 마르크스와 공동으로 『독일 이데올로기』를 집필하여 인간 사회에 대한 새로운 역사적 인식 방법인 유물사관(唯物史觀)을 제시하여 마르크스주의의 철학적 기초를 확립함과 동시에, 공산주의의 연대와 결집을 목표로 공산주의 통신위원회를 창설하였다. 1847년 공산주의자 동맹을 창설, 제2차 공산주의자대회의 위촉을 받고 1848년 2월 마르크스와 공동으로 『공산당선언』을 발표하였다. 1883년 마르크스가 사망하자 그의 유고 정리에 몰두하여 『자본론』의 제2·3권을 편집하는 한편 제2인터내셔널의 지도자로서 노동운동의 발전에 많은 영향을 끼쳤다.

"마르크스는 추상적 총론이 특기이고
엥겔스는 구체적 각론에 강했다.
이는 연구가이자 이론가인 1인자와
명참모의 콤비에 자주 나타나는 조합이다."

리더 스타일 참모 스타일

이론가의 세계에도 천재형의 1인자와 수재형의 2인자가 협동하여 작업하는 경우가 있다. 대표적인 예로 카를 마르크스(Karl Marx)와 프리드리히 엥겔스(Friedrich Engels)가 거론된다.

마르크스와 엥겔스가 공동으로 집필한 책이 그 유명한 『자본론』과 『공산당 선언』이다. "하나의 유령이 유럽을 배회하고 있다. 공산주의라는 유령이"라고 시작되는 『공산당 선언』은 1848년에 발간됐고 20세기 유럽은 마르크스주의와 공산주의에 매우 큰 영향을 받았다. 『자본론』을 신봉하여 이상에 불타던 국가들이 차례차례 붕괴한 역사가 우리의 기억에 아직도 선명하게 남아 있다. 공산권의 붕괴, 마르크스주의의 추락은 우리에게 장대한 한 편의 대하드라마를 보여주었다. 이러한 역사의 소용돌이 때문에 카를 마르크스는 우리 의식 속에 강하게 남아 있다.

몽상가형의 천재, 마르크스

"마르크스의 망령은 사라졌다"라고 말하는 사람도 있지만, 그가 남긴 업적은 오늘날의 경제에도 유용한 부분이 많다. 세계 경제가 신자유주의의 지배를 당하고 사회주의와 평등, 노동자의 권리는 어디론가 사라져버린 현재의 상황을 보면 확실히 그렇다. '양극화 사회'라는 말이 주목을 받는 상황이고 보면 마르크스와 엥겔스의 주장은 지금도 유효한 것 같다.

그들의 주장을 모두 부정하지 못하는 증거는 지금의 세계정세를 봐도 알 수 있다. 남미 베네수엘라의 우고 차베스(Hugo Chavez) 대통령이 사회주의를 표방하며 미국을 적대시하지만 가난한 국민의 높은 지지를 얻고 있고, 냉전 종식 후 신자유주의가 세계의 기준인 것처럼 여겨지지만 이라크전쟁을 보면 신자유주의만으로는 세계를 이끌 수 없어 보인다. 마르크스와 엥겔스가 다시 주목을 받아도 전혀 이상한 일이 아니다.

마르크스는 프로이트와 아인슈타인같이 19세기 유럽 유대인 중산층 출신의 천재다. 마르크스는 독일에서 태어났지만 박해를 피해 영국으로 망명해 대영도서관에서 집필 활동을 했다. 유물론적 변증법과 과학적 사회주의 이론은 『자본론』의 근간이다. 쇼와(昭和) 1세대(1920년대 말에서 1930년대 전반까지)나 단카이(団塊) 세대•가 대학생일 때 경제학의 주류는 마르크스 경제학이었다. 독일어로 진행

독일 베를린 알렉산더 광장의 마르크스·엥겔스 동상. 마르크스의 사상적 동반자였던 엥겔스는 40년 동안 마르크스를 신봉하고 지지했다.

하는 수업이 있을 정도였다. 『자본론』은 사회과학만이 아니라 자연과학 분야에도 강한 영향을 주었다.

이론과 재능을 겸비한 수재, 엥겔스

마르크스는 '나는 완벽한 인간' '나는 위대하다'라고 믿었던 사람이다. 마르크스는 자신의 이론에 조금이라도 비판을 가하면 격분하여 상대를 철저하게 부수지 않으면 싱이 차지 않았다.

● 단카이 세대: 제2차 세계대전이 끝난 후인 1947년에서 1949년 사이에 태어난 일본의 베이비 붐 세대. 1970년대와 1980년대 일본의 고도성장을 이끌어낸 세대.

마르크스는 여자관계가 문란하고 가족에겐 신경 쓰지 않았다. 금전적으로 항상 쪼들렸다. 혁명가를 지향하는 사람이 돈이 없는 것은 당연하지만, 낭비를 일삼는 등 경제관념이 없었다. 길에서 객사해도 이상하지 않을 정도였다. 생활능력이 없었지만, 연구를 계속해 『자본론』을 세상에 내놓을 수 있었던 것은 엥겔스가

『공산당 선언』『자본론』을 통해 20세기 가장 큰 영향을 미쳤던 카를 마르크스.

있었기 때문이다. 엥겔스는 마르크스와 쌍벽을 이루는 과학적 사회주의 이론가로 여러 편의 뛰어난 연구서를 냈다.

마르크스는 추상적 총론이 특기이고 엥겔스는 구체적 각론에 강했다. 이는 연구가이자 이론가인 1인자와 명참모의 콤비에 자주 나타나는 조합이다. 구체적 이론의 정교함에는 엥겔스가 한 수 위였다. 엥겔스의 『영국 노동자 계급의 상태』라는 책은 영국 노동자 계급이 산업혁명이 진행됨에 따라 어떤 근로 조건에 내몰렸는지를 데이터에 기초해 자세히 분석하여 높은 평가를 받았다.

엥겔스는 자연과학에도 조예가 깊어 훌륭한 자연과학 책도 다수 썼다. 『자연변증법』이라는 책은 자연과학을 유물론적이고 변증법적으로 해석하여 상당히 흥미롭다. 초능력이나 오컬티즘(occultism, 점성술, 강신술, 연금술 등을 연구하는 학문_옮긴이)에 비판적인 '자연변증법'

은 심령현상이나 초자연적 현상을 구
체적으로 반박했고 사람을 홀리는 심
령술 같은 속임수를 폭로했다. 지금
텔레비전 방송에 나와 인기를 끄는
점쟁이나 초능력자에게 적용해도 충
분할 정도로 뛰어난 이론이고, 재미
까지 있다.

『원숭이가 인간으로 진화하는 데
영향을 미친 노동의 역할』이라는 책
에서 그는 인류가 복잡한 언어를 가

프리드리히 엥겔스. 엥겔스 자신도 빼어
난 이론가였지만, 마르크스를 만나고 난
이후 마르크스 이론을 정립하는 데 온 힘
을 기울였다.

지게 된 원인을 직립보행과 도구를 사용해 재화를 생산했기 때문
이라고 주장했다. 오른손의 사용이 전두엽을 발달시켜 언어중추
기능을 활성화시켰다는 인류학적 이론이 지금은 널리 알려졌지
만, 당시에는 그러한 연구 자체가 없었던 시기였다. 하지만, 엥겔
스는 사람의 앞다리(팔)의 움직임이 언어 기능이나 지적 기능의 발
달과 밀접한 상관관계가 있다고 주장했다.

엥겔스는 인간을 인간답게 만드는 것은 노동으로 재화를 생산하
는 행위라고 설파하고 마르크스의 노동 가치설을 뒷받침했다. 엥
겔스는 자신의 주장을 상당히 논리적이고 구체적으로 설명하여
전혀 어렵지 않고 흥미롭기까지 했다.

엥겔스는 연구자로서의 높은 능력과 재능을 겸비한 사람이다.

정신분석학적으로 설명하자면, 엥겔스는 전울기질이었고 마르크스는 나르시시스트로 분열기질이었다.

천재의 생활과 업적을 떠받치다

엥겔스의 책을 자세히 읽으면, 마르크스의 주장에 완전히 동조하지 않는 부분도 있다. 하지만, 그는 마르크스의 이론을 수정하려 하지 않았다. 엥겔스의 이론이 현실적이고 논리적이어서 실현 가능성이 컸지만, 마르크스를 비판하지 않았다. 주변 사람들이 "이런 형편없는 인간에게 왜 힘을 쏟는지 모르겠다"라고 비판해도 엥겔스는 마르크스를 신봉하고 지지했다.

엥겔스가 가장 힘들어했던 일은 금전적인 문제였다. 엥겔스는 영국에서 방직공장을 운영했다. 방직공장을 운영한 수익으로 마르크스의 생활비와 연구비를 지원했지만, 마르크스가 고마워하기는커녕 "돈을 더 달라"라고 채근하자 엥겔스가 '더 이상은 무리'라는 편지를 보낸 일도 있을 정도였다.

『공산당 선언』은 두 사람의 공저이고 마르크스가 죽은 뒤 엥겔스가 『자본론』의 2, 3권을 편찬해 완성했다. 마르크스주의는 엥겔스가 없었으면 완성할 수 없었다.

자본가인 엥겔스가 '과학적 사회주의'를 표방한 일은 파격적이었다. 당시 영국에서 방직공장을 운영하면서 '공상적 사회주의'를 주장한 로버트 오언(Robert Owen)도 있었지만, 매우 드문 일이었고 마르크스와 엥겔스는 망상적이라고 그를 무시했다.

엥겔스 같은 자본가가 몽상가이자 몽상적 천재인 마르크스를 지원했다는 사실은 이해하기 어렵다. 하지만, 엥겔스는 마르크스의 천재성을 인정하고 공감했으며 마르크스의 이상을 지지하고 실현하는 일이 자신의 임무라고 생각했다. 마르크스는 천재이고 자신은 그를 보조하는 2인자라고 생각했다. 이러한 생각을 그는 평생 바꾸지 않았다.

엥겔스 자신도 빼어난 이론가이고 훌륭한 책을 많이 썼지만, 마르크스를 만나고 난 이후에는 마르크스 이론을 정립하는 데 온 힘을 기울였다. 엥겔스는 마르크스의 천재적인 이론에 심취해 마르크스 사후에도 자신이 쓰고 싶은 책을 쓰지 않고 『자본론』 편찬에 생애를 바쳤다. 두 사람의 존재 덕분에 20세기에 큰 영향을 미친 마르크스주의가 완성되었다. 마르크스주의는 틀린 부분도 있고 인류에게 큰 재난을 가져다주기도 했지만, 오늘의 현실에도 적용되는 부분이 많을 뿐만 아니라, 언젠가 그 가치가 다시 평가되는 시기가 올지도 모른다.

미국의 배금주의가 횡행하는 세계의 정치, 경제가 막다른 길에 이르렀을 때 마르크스와 엥겔스의 이론이 한 번 더 주목받는 날이 올 것이다.

수완가 참모의 함정
도요토미 히데요시와 이시다 미쓰나리

도요토미 히데요시
(豊臣秀吉, 1536~1598)

전국 시대 세 영웅 중 한 명으로 아이치(愛知)군에서 반농 반병(半農半兵)인 평민의 아들로 태어났다. 히데요시는 오다 노부나가(織田信長)의 휘하에 들어가면서 출세하기 시작한다. 아케치 미쓰히데(明智光秀)가 일으킨 혼노지의 변으로 노부나가가 죽자 야마자키(山崎) 전투에서 미쓰히데를 무찌르고 오다가를 평정하여 후계자의 지위를 얻어 오사카 성을 축조하고 일본 통일을 이루었다. 1588년 농민들의 무기를 몰수하여 반란을 방지하고 무사와 농민의 구분을 엄격하게 하였다. 이 때문에 농민들은 농사짓는 일에만 전념하여 농업기술이 발전하였고 상업도 발달하였다. 히데요시는 새로운 정책을 시행하여 중세 봉건사회에서 근세 봉건사회로 전환을 꾀하였다. 일본이 통일되자 히데요시는 중국 정복이란 엉뚱한 망상에 빠졌다. 히데요시는 중국 정복으로 백성이 존경할 것이라 기대하였으며 토지 부족으로 말미암은 다이묘의 불만도 해결하려 하였다. 1592년 명나라 정복을 한다는 핑계로 조선에 협조를 요청하였지만, 교섭이 결렬되자 임신왜란을 일으켰으나 실패했다. 1597년 다시 군대를 동원하여 정유재란을 일으키지만 역시 실패했다. 정유재란 중, 아들 히데요리(秀?)를 원로들에게 의탁하고 후시미(伏見) 성에서 질병으로 사망했다.

이시다 미쓰나리
(石田三成, 1560~1600)

이츠지모모야마 시대의 무장이자 다이묘(大名)로 도요토미 히데요시의 문치파(文治派) 가신의 태두다. 1560년 사카다(坂田)군 (현 시가현 나가하마시)에서 태어났다. 13세 때 도요토미 히데요시를 만나면서 가신이 되었고 후일 사와야마(佐和山) 성의 영주가 되었다. 1592년 임진왜란 때 출정하여 벽제관(碧蹄館) 전투에서 대승을 하였지만, 행주성 전투에서는 권율(權慄) 장군에게 대패하였다. 1598년 정유재란 중 도요토미가 죽자 일본군 철수를 주도하였다. 도요토미 히데요시가 사망하고 아들인 히데요리가 권력을 이어받았으나 일본은 내분에 휩싸였다. 천하를 노리는 도쿠가와 이에야스(德川家康)의 야심을 간파한 미쓰나리는 이에야스를 암살하려 하였으나 실패했다. 그 뒤에도 도쿠가와 이에야스를 무너뜨리려 세를 규합하고 1600년 세키가하라(關ヶ原) 전투를 벌이지만, 패하여 참수됐다.

"2인자가 1인자에게 가는 정보를 차단한 결과,
1인자가 '감각 차단 상태'가 되면 광기에 빠져
정상적인 판단을 내리지 못한다.
미쓰나리의 가장 큰 잘못은 히데요시와 가신들
사이에 벽을 쌓은 일이다."

리더 스타일 참모 스타일

때로는 2인자 때문에 1인자가 무너지기도 한다. 2인자가 1인자가 되려고 반란을 일으켜서가 아니라 2인자의 존재가 1인자에게 해가 되기 때문이다. 여기에는 두 가지 패턴이 있다. 1인자와 2인자의 노선이 달라 대립하고 서로의 발목을 잡아 공멸하는 경우와 1인자에 대한 충성심이 너무 강해 1인자와 주위 사람들 사이에 벽을 쌓는 경우다. 2인자는 1인자를 보호하고 자신이 악역을 맡는다는 생각으로 그렇게 처신하지만, 1인자의 평판마저 나빠지는 사태가 발생한다. 최악에는 이로 말미암아 조직의 붕괴마저 초래한다. 나는 이러한 상황을 '이시다 미쓰나리 증후군'이라 부르고 싶다.

2인자가 1인자에게 가는 정보를 차단한 결과, 1인자가 '감각 차단 상태'가 되면 광기에 빠져 정상적인 판단을 내리지 못한다. 2인자가 정보를 걸러 보고하면 1인자는 정확한 판단을 내렸다고 생각하지만 실제로는 엄청난 오류를 범하게 된다.

제왕의 광기

정보가 차단되거나 일방통행된 경우, 자신은 1인자로서 조직을 완전히 장악하고 있으며 모든 정보가 자신에게 들어온다고 생각하지만, 사실은 세뇌당한 상태다. 이것을 실증하는 몇 가지 감각 차단 실험이 있다.

피실험자가 고글과 귀마개를 하고 좁은 방에 들어가서 체온과 같은 온도의 액체가 담긴 욕조 안에 눕는다. 더욱 효과를 높이려면 플로트(float) 캡슐에 인간의 몸과 같은 비중의 액체를 채우고 외부의 감각을 차단한다. 몇 십 분 안에 대부분은 환각증상을 나타낸다. 인간은 외부로부터 정보가 들어오지 않으면 내부에 있는 과거 정보를 끌어내어 형상화해 자각하기 때문이다.

미국에서 대학생을 대상으로 흥미로운 세뇌 실험을 했다. 외부 정보를 모두 차단하고 한쪽은 딱딱한 그리스도교의 설법을 반복해 듣게 하고 다른 한쪽은 재미있는 이야기로 가득한 이슬람교의 설법을 듣게 했다. 일주일간 계속한 결과 대부분의 학생이 이슬람교를 신봉하고 개종했다. 흥미를 유발하며 반복적으로 주입하면 효과가 배가된다는 이야기다. 비근한 예로 정보기관이 사용하는

도요토미 히데요시는 유능한 인물을 자신의 주변에 두고 장점을 끌어내는 능력이 있었다. 유능한
인재라고 생각하면 누구든지 자신의 부하로 삼았다.

세뇌 방법이 있다. 대상을 감각 차단 상태로 만들어 그럴듯하게 포장한 정보를 일방적으로 반복 주입하는 것이다.

감각 차단을 통한 세뇌는 경우에 따라 정신병을 유발하기도 한다.

어느 회사에서 직원들의 외부 출입을 통제하고, 연수원에 가두어놓은 상태에서 합숙을 했다. 이때 외부와 차단된 상태에서 한 사람이 집중 공격을 받는 상황이 발생했다. 이 회사는 노동조합 문제로 시끄러운 상태였다. 원래 노동조합이 있었지만, 사내에 새로운 노동조합이 생겼고 많은 직원이 새로운 노동조합으로 옮긴 직후였다. 연수에 참가한 어느 과장은 예전의 조합을 배신할 수 없어 끝까지 남아 있었다. 연수 중 새로운 조합의 사원들이 그 과장에게 우유부단하다고 비난하며 욕을 퍼부었고 이 힐난은 연수가 끝날 때까지 계속되었다. 과장은 연수 후에도 환청이 들리기 시작했고 괴로움을 견디지 못하고 투신했다. 다행히 목숨은 건졌지만, 정신과 치료를 받아야 했다. 시간이 지나면서 그는 그때의 일은 비록 잊었지만, 환청이 계속 들리는 통합실조증에 걸렸다. 나는 연수 때의 집중 공격 트라우마를 재현하는 마취 분석을 사용했다. 다행히 환청이 사라지고 후유증도 없었다. 감각 차단 상태에서 행해지는 반복적인 주입은 인간을 광기에 빠뜨릴 수도 있음을 알려주는 예다.

'제왕의 광기(Regiomanie)'라는 말이 있다. 황제의 지위에 있는 사람은 광기에 빠지기 쉽다. 로마 제국의 네로 황제와 율리우스 카이

사르 같은 사람이 좋은 예다. 네로와 율리우스는 즉위 초기 뛰어난 능력을 발휘해 명성이 자자했으나 점차 자신의 입맛에 맞는 정보만 보고하는 측근들에 둘러싸여 성격이 변하기 시작했다.

권력자의 가장 큰 문제는 막연한 공상이나 터무니없는 망상을 실현할 수 있다는 데 있다. 평범한 사람이 가끔 엉뚱한 생각을 하고 망상에 빠져도 실천은 거의 불가능하다. 하지만, 권력자는 공상이나 망상을 실현할 힘이 있다. 권력자의 거대한 힘은 보통 사람이 상상할 수 없는 거대한 비전을 그려 세상을 좋은 방향으로 이끄는 때도 있지만, 그릇된 방향으로 가닥을 잡으면 엄청나게 많은 사람이 불행해진다. 권력을 손에 쥔 사람이 감각 차단 상태에 빠져서는 안 되는 것도 바로 이 때문이다.

권력자가 즉흥적인 생각을 그대로 실행하면 권력자 개인의 문제에 그치지 않는다. 현대 민주주의의 지배 구조에서는 어떤 정치가든 검증되지 않은 생각을 그대로 현실에 적용하기란 어렵지만, 기업의 경영자가 이상한 행동을 해 회사를 망가뜨리는 경우는 가끔 있다. 경영자가 신흥종교에 빠지거나, 경영상의 중요한 결정을 점쟁이의 말에 따른다든가, 자신을 신격화하여 직원들을 노예 부리듯 하는 사례도 일종의 '제왕의 광기'다.

1인자의 판단을 흐리게 하는 벽, '이시다 미쓰나리 증후군'

측근이 1인자를 광기에 빠지게 한 예로는 이시다 미쓰나리(石田三成)가 전형적인 인물이다. 앞서 말한 바와 같이 1인자를 감각 차단 상태에 빠지게 하고 광기를 부리는 상태를 '이시다 미쓰나리 증후군'이라 한다. 기업과 대학 등 모든 조직에서 일어날 수 있는 일이다.

도요토미 히데요시가 기노시타 도키치로(木下藤吉郎), 하시바 히데요시(羽柴吉秀)라는 이름으로 빠르게 출세하던 때와 다이코(太閤, 간파쿠閣白 위의 최고직위)가 되었을 때의 언동을 비교해보면 도무지 같은 인물이라는 생각이 들지 않는다. 요시가와 에이지(吉川英治)는 자신의 소설『다이코키(太閤記)』에 히데요시의 생애를 그렸지만, 다이코가 되는 시점에서 소설이 끝난다. 요시가와 에이지는 다이코 이후의 히데요시의 삶은 적고 싶지 않았던 것이다.

히데요시의 매력은 사람과 교류하기를 좋아하는 인간관계에 있다. 히데요시는 유능한 인물을 자신의 주변에 두고 장점을 끌어내는 능력이 있었다. 오다 노부나가는 참모가 필요 없는 고독한 영웅이었지만, 히데요시는 자신의 능력과 학식의 한계를 깨닫고 다케나카 한베(竹中半兵衛), 구로다 간베(黑田官兵衛)같이 유능한 군사(軍師)를 곁에 두었으며 그들은 빼어난 활약을 보였다. 이들처럼 눈에 띄지는 않았지만, 음지에서 히데요시를 도운 사람이 동생인 히데나가(秀長)였다.

하지만, 히데요시는 다이코 전하라고 불리기 시작한 50대부터 성격이 변했다. 언동이 크게 이상해졌고 화를 잘 냈다.

이시다 미쓰나리는 우수한 행정가형의 인재이자 수완가지만 경쟁의식과 불신감이 강한 인물이었다.

센 리큐(千利休)를 사소한 일로 할복시키고 크게 후회하기도 했다. 57세에 친아들인 히데요리(秀頼)가 태어나자 양자였던 조카 히데쓰구(秀次)를 멀리했고 고야산(高野山)으로 추방해 할복을 명했다. 히데쓰구의 처와 첩, 시녀 등 39명도 처형했다. 그들의 시신을 사람들이 구경하게 늘어놓는 잔혹한 짓도 서슴지 않았다. 죽은 사람 중에는 교토의 유력 다이묘(大名)의 딸도 있어 실력자들의 원한을 샀다. 도요토미 가문은 도쿠가와 이에야스에 의해 멸망하지만, 도요토미 집안의 몰락은 히데요시의 이상 행동 때문이었다.

히데요시의 대륙 침략 계획은 권력자의 과대망상을 실현한 전형적인 예다. 조선에서 중국, 남만까지 정복한다는 실현 불가능한 계획은 과대망상 이외에는 설명할 방법이 없다. 하지만, 누구도 히데요시를 멈출 수 없었고 그 틈을 타 이에야스가 힘을 축적하고 있었다. 히데요시의 성격이 변함에 따라 오사카 성 내부의 역학관계, 도요토미 정권의 권력 구도도 변하기 시작했다. 히데요시는 사람을 좋아했을 뿐만 아니라 사람들이 자신을 좋아하게 만드는 명인이라고 불렸듯이, 유능한 인재라고 생각하면 누구든지 자신의 부하로 삼았다. 이렇게 모인 사람들은 히데요시가 가장 신뢰하는 무장이 되었다. 후쿠시마 마사노리(福島正則), 가토 기요마사(加藤淸正) 같은 유능한 장군도 히데요시가 소년기부터 키웠고 히데요시가 한창 출세하던 때는 이 심복들이 히데요시에게 충성을 다했다. 특히 동생인 히데나가는 윤활유 같은 역할을 했다. 불평불만이 있는 사람들을 달래고 충돌이 있으면 중재하고 조정했다.

이시다 미쓰나리의 등용과 히데요시의 표변

히데나가가 죽은 뒤 이시다 미쓰나리가 득세하여 도요토미 정권은 크게 변모했다. 이시다 미쓰나리는 시가(滋賀)현의 어린 중이었는데 히데요시에게 재기(才氣)를 부려 히데요시를 모시게 된다. 미쓰나리와 히데요시의 만남에는 유명한 에피소드가 있다.

히데요시가 수렵 중에 어느 절을 방문했다. 차를 가져오라는 히데요시의 명령에 미쓰나리는 큰 찻잔에 미지근한 차를 내놓았다. 목이 말랐던 히데요시는 한숨에 다 마시고 한 잔을 더 청했다. 이번에는 조금 작은 찻잔에 따뜻한 차를 내왔다. 이것도 다 마신 히데요시는 한 잔을 더 청했고 이번에는 아주 고급스러운 조그만 찻잔에 매우 뜨거운 차가 나왔다. 목이 마르니 뜨겁지 않은 차로 갈증을 해결하고 나서 천천히 음미하라는 사려 깊은 배려였다. 히데요시는 미쓰나리의 현명함에 감복하여 시종으로 삼았다.

그 후 미쓰나리는 발군의 능력을 발휘했고 히데요시에게 강한 충성심을 보였다. 미쓰나리는 전장에서 무공을 세우는 무장이 아니라 우수한 행정가형의 인재였다.

히데요시는 노부나가의 여동생이자 아름다운 오이치노 가타(お市の方)를 동경했지만, 오이치노 가타는 히데요시를 까닭 없이 싫어했다. 오이치노 가타는 시바타 가쓰이에(柴田勝家)가 히데요시에게 패했을 때 탈출을 거부하고 시바타와 운명을 같이했다. 히데요시는 오이치노 가타를 품을 수 없게 되자 딸인 요도노 가타(淀の方)를 측실로 들여 대리만족했다.

요도노 가타는 과거 기타오미(北近江)를 통치한 아사이(浅い) 가에서 태어났다. 그녀의 주변에는 자연히 오미 출신 인물들이 모여들어 파벌을 형성했다. 시바 료타로(司馬遼太郎)는 이들을 오미파(近江閥)라고 불렀다.

한편, 히데요시를 오래전부터 따랐던 오와리(尾張, 현 나고야) 출신 사람들은 기타노 만도코로(北政所, 히데요시 정실의 호칭) '네네'의 주위로 몰려들어 오와리파(尾張閥)를 형성했다. 양 파벌 사이의 대립을 중재한 사람이 히데나가였지만, 히데나가와 히데요시가 죽자 이시다 미쓰나리를 중심으로 하는 오미파와 후쿠시마 마사노리와 가토 기요마사가 이끄는 오와리파의 갈등이 표면화했다.

미쓰나리는 히데요시의 시종에서 꾸준히 출세하여 지금의 관방장관에 해당하는 자리에 올랐다. 미쓰나리는 2인자의 전형인 전울기질이 아니고 분열기질이었다. 상당히 날카롭고 명쾌했다. 사람의 등용과 관리에 치밀하고 꼼꼼했으며, 초기에는 사람에 대한 배려도 있어 관방장관의 역할을 잘 수행했다. 히데요시가 죽은 뒤, 미쓰나리는 도요토미 집안의 운영과 전략, 정략을 담당했다. 미쓰나리의 가장 큰 잘못은 히데요시와 가신들 사이에 벽을 쌓은 일이다. 가토 기요마사, 후쿠시마 마사노리 등의 고참 가신이 히데요시를 만나려 해도 미쓰나리를 통하지 않고는 불가능했다.

관방장관을 통하지 않고는 총리를 만날 수 없는 상황을 만들어 버리면 총리가 번잡한 잡사로부터 해방되는 반면, 감각 차단 상태에 빠질 위험이 있다. 관방장관이 총리에게 직언할 수 있는 관계면 별문제가 없을 수도 있지만, 관방장관과 총리 사이에 거리감이 있으면 좋은 정보만 보고한다. 예를 들어, 임진왜란 중, 히데요시에게 정확한 정보가 보고되지 않았다. 전쟁에 대한 많은 정보가 들어오지만, 히데요시의 입맛에 맞는 내용만 올라갔다. 불필요한 정보는 버리고 유익한 정보만 선별하여 보고한다면 이상적이지만, 1인자의 기분을 상하지 않게 하려고 귀에 거슬리는 정보를 차단하는 작업을 했다. 1인자가 좋아할 만한 정보만 보고함으로써 정확한 판단은 아예 기대할 수가 없었다.

리더 스타일 참모 스타일

같은 사례가 미국의 부시 정부에서도 발생했다. 부시 전 대통령을 보좌하던 딕 체니 부통령과 도널드 럼스펠드 국방장관이 부시를 감각 차단 상태에 빠지게 했다. 네오콘(신보수주의자)이라 불리는 사람들이 부시 주위에 인의 장벽을 치고 걸러진 정보만을 보고했다. 이러한 왜곡된 정보에 기초해 이라크와의 전쟁을 결행한 사실을 알게 된 부시는 아연실색했을 것이다. 네오콘 멤버들은 아버지 부시 전 대통령의 측근이었던 제임스 베이커 전 미 국무장관과 브렌트 스코크래프트 전 백악관 안보보좌관 같은 국제문제 전문가의 의견을 전부 차단했다. 결국 세계 협조 노선을 걷는 사람들이 대통령을 직접 만날 기회를 차단하고 자신들의 입맛에 맞는 정보만 대통령에게 보고했다. 그 결과가 이라크전쟁이다.

1인자와 조직을 위험에 빠트리는 2인자

이는 측근들이 후계자를 정보 차단 상태에 빠지게 한 예다. 히데요시의 경우는 집권 초기 직언을 서슴지 않던 측근의 무장들과 히데요시 사이를 미쓰나리가 가로막기 시작했다.

미쓰나리는 수완가지만 경쟁의식과 불신감이 강한 인물이었다. 이러한 2인자는 유능한 무사들, 오늘날의 기업으로 치자면 선대를 보필해온 고참 중역들을 무능하다고 생각하고 후계자에게 반기를

일본 오사카성. 1583년 도요토미 히데요시가 축성하였지만 히데요시 사후에 도쿠가와 이에야스에 의해 완성되었다.

들지 않을까 항상 의심한다. 악의가 있어서가 아니라 1인자를 지키킨다는 의식에서 나온 사명감이어서 1인자에게 끊임없이 경계와 주의를 주문한다. 1인자와 부하 사이에 불신을 불러오지만, 1인자를 지키려면 어쩔 수 없는 행위라고 생각한다. 말하자면 이시다 미쓰나리는 사리사욕을 채우려고 다른 중신들을 배척한 것이 아니었다.

미쓰나리는 가토 기요마사나 후쿠시마 마사노리, 구로다 요시타카(黑田孝高), 마에다 도시이에(前田利家) 같은 히데요시의 고참 가신들을, 과거의 업적을 이용해 자리를 지키는 노쇠한 늙은이에 불과하다고 폄하했다. 과거 히데요시와 친밀했던 일을 자랑삼아 떠들고 다니며 기강이 해이해져 충성도가 많이 모자란다고 생각했

리더 스타일 참모 스타일

다. 고참 가신의 눈에는 미쓰나리가 큰 무공을 세우지 못했는데도 출세한 신참모이며 히데요시의 힘을 등에 업고 위세를 부리는 간신같이 보여 미쓰나리를 무시하고 하대했다. 미쓰나리는 히데요시의 대리인인 자신에게 그러한 대접을 하는 행위는 히데요시를 깔보는 일이라고 느꼈다. 서로 원하는 바가 아니었지만, 미쓰나리는 히데요시와 고참 가신 사이에 벽을 쌓고 말았다.

　이러한 일이 일어난 또 한 가지의 원인은 히데요시의 정실인 기타노 만도코로 네네와 측실인 요도도노(淀殿, 요도노 가타)와의 관계에 있다. 네네는 전형적인 조강지처다. 네네는 시골 출신으로 그다지 학식은 없지만, 히데요시가 출세를 거듭할 때 동향 출신의 측근들을 잘 돌보아주었다. 히데요시도 항상 이를 감사히 생각했지만, 안타깝게도 둘 사이에 자식이 없었다. 하지만, 히데요시와 측실인 요도도노와의 사이에는 아이가 생겼다. 히데요시는 늦게 얻은 아들인 히데요리를 총애했고 네네와의 사이는 점점 멀어졌다. 이런 네네의 주변에 과거에는 히데요시와 친했지만, 지금은 밀려난 사람들이 모여들었다. 그들은 "옛날에는 좋았는데, 히데요시가 변했어"라는 등 불평을 늘어놓았다. 네네가 계획적으로 히데요시에 비판적인 파벌을 만들려고 하지는 않았지만, 오랜 세월을 함께해온 가신들이 측은해서 자신의 주위로 몰려드는 것을 거부하지 않았다. 가토 기요마사와 후쿠시마 마사노리 같은 고참 가신들을 중심으로 오와리파를 형성했고 히데요시와 자신들 사이에 벽을 쌓고 교류를 제지한 장본인인 미쓰나리를 증오했다. 실제로 미쓰나리는 그들에게 살해될 지경에 처하자 도쿠가와 이에야스에게 도움을 청했다. 그 때문에 실각하지도 않았고 2인자의 자리도 지켰다.

도요토미 히데요시 동상.

이런 와중에 히데요시가 죽었다. 만년의 히데요시는 치매에 걸려 조그마한 일에도 크게 울거나 웃었다. 뇌혈관성 인지증에 의한 감정 실금 상태였다. 특히 "내가 죽으면 히데요리를 잘 보살펴 달라"며 눈물을 흘리면서 가신들에게 부탁한 일화는 유명하다. 도쿠가와 이에야스가 히데요시의 죽음을 호시탐탐 노리고 있음에도 그러한 부탁을 하는 것은 정상적인 판단이 안 되는 상황임이 틀림없다.

히데요시가 죽은 뒤, 어린 히데요리와 어머니인 요도도노는 네네의 주변에 모인 오와리파가 두려워 미쓰나리에게 의존한다. 미쓰나리는 영민하고 대국적인 식견이 있어 '머지않아 도요토미 일가는 도쿠가와 이에야스에게 당하고 만다'라고 판단했다. 미쓰나리는 도쿠가와 이에야스의 세력을 약화시키고, 나아가 도쿠가와 가문을 무너뜨리려는 음모를 꾸미지만, 이에야스는 미쓰나리의 음모를 꿰뚫어보았다. 이에야스가 누구인가. 천하를 노리는 걸출한 인물이 아닌가. 음흉한 이에야스는 바로 전쟁을 일으키지 않았다. 이에야스는 서서히 목을 조여들듯이 야금야금 도요토미 일가를 몰아냈다. 이에야스를 너구리라 부르는 까닭이 여기에 있다.

히데요시가 죽은 뒤 이에야스는, 히데요시 가신들의 세력을 약화시키기 위해 도요토미 가를 나온 네네에게 접근해 재정적 지원을 한다. 네네가 왜 이에야스의 지원을 받았는지 의문을 갖는 사람들이 있는데, 이는 질투심 때문이다. 요도도노가 히데요시의 측실로 오사카 성에 들어왔어도 네네는 불만을 표시하지 않았지만 내심 편안하지는 않았다. 특히 요도도노가 아들 히데요리를 낳고 세력이 하루가 다르게 커지는 상황은 견디기 어려웠다. 히데요시와 요도도노에 대한 증오심 때문에 네네는 이에야스에게 넘어갔다. 네네는 도요토미 가의 멸망이 머지않았다고 생각했는지도 모른다.

결국, 세키가하라 전투 때, 도요토미 가의 후쿠시마 마사노리, 가토 기요마사, 구로다 요시타카 등 노련한 장수들은 이에야스의 동군에 합류한다. 특히 가토 기요마사와 구로다 요시타카의 전투력은 최강으로 그들이 미쓰나리의 서군으로 참전했다면, 역사가 바뀌었을 것이다. 하지만, 그들은 미쓰나리에 대한 반감으로 동군에 합류했다. 특히 가토 기요마사는 미쓰나리를 매우 증오했다.

팽팽하게 맞서던 세키가하라 전투의 균형을 깨뜨린 것은 고바야

카와 히데아키(小早川秀秋)의 배신이다. 고바야카와 히데아키는 네네의 조카다. 미쓰나리는 그에게 히데요리가 성인이 될 때까지 간파쿠 자리를 약속하지만 결국 동군에 합류했다. 이는 네네의 영향이 틀림없다.

세키가하라 전투에서 서군이 패배한 가장 큰 요인은 과거 히데요시에게 충성했던 장수들이 일치단결하지 않았던 점이다. 확실하고 유능한 가신이 없

미쓰나리의 가장 큰 잘못은 히데요시와 가신들 사이에 벽을 쌓은 일이다. 가신들이 히데요시를 만나려 해도 미쓰나리를 통하지 않고서는 불가능했다. 또한 1인자가 좋아할 만한 정보만 보고함으로 결국 1인자를 광기에 빠지게 했다.

었던 이에야스에게 산전수전 다 겪은 노련한 가토 기요마사와 후쿠시마 마사노리의 합류는 동군의 승리를 기정사실화했다. 이러한 상황을 초래한 가장 큰 원인은 이시다 미쓰나리와 다른 가신들과의 관계 때문이다. 미쓰나리는 원래 아군인 사람들과 반드시 아군이어야만 하는 사람들을 떠나보내거나 적군을 만들었다. 결과석으로 이에야스에게 이익을 주는 행농을 했다.

이시다 미쓰나리 증후군은 지금도 비일비재하게 일어나고 있다. 대통령 실장이나 사장 비서실장이 이시다 미쓰나리같이 행동하는 경우가 적지 않다. 2인자는 1인자만이 아니라 조직에서도 매

리더 스타일 참모 스타일

우 중요한 위치다. 2인자가 이시다 미쓰나리같이 행동하면 조직에는 큰 해악이 된다. 충성심이 너무 과해 1인자와 부하 사이에 정보 차단의 장막을 치고 1인자를 벌거벗은 임금님을 만들어 정확한 판단을 하지 못하게 한다.

형식 파괴의 천재 참모
일본 해군의 명참모 아키야마 사네유키

아키야마 사네유키
(秋山真之, 1868~1918)

일본 제국 해군으로 최종 계급은 중장. 에히메(愛媛)현 마쓰야마(松山)에서 하급 무사의 5남으로 태어났다. 에히메현 제1중학을 거쳐 도쿄 대학에 들어가려 했지만 가정형편이 어려워 포기하고 1886년, 해군병학교 17기로 입학했다. 1890년, 해군병학교를 수석으로 졸업하고 소위후보생이 됐다. 1898년 해군 유학생 파견이 재개되자 미국으로 유학 가고 1899년 8월에 귀국했다. 귀국 이후 참모직을 섭렵했고 훌륭한 인품과 전문지식으로 주위로부터 호평이 높았다.

아키야마 사네유키는 천재로 불리며, 1904년 러일전쟁 때 연합함대 사령장관 도고 헤이하치로의 절대적 신임 아래 작전참모로 승리를 결정짓는 큰 활약을 펼친다. 이밖에도 쓰시마 해전을 비롯한 여러 일본 해군의 승리에 큰 기여를 했다.

1917년 해군 중장으로 2함대 사령관이 되지만 병세가 악화되어 사직한다. 만년에는 심령 연구와 종교에 몰두하여 일련종(日蓮宗)에 귀의하였다기 신도(神道)로 돌아선다. 후일 불교연구로 돌아오지만, 그 후 특정 종교에 귀의하지는 않았다.

"아키야마는 러일전쟁 당시 동해해전을
이끌었던 연합함대의 참모였다.
당시 그는 참모장도 아니었고
일개 참모에 불과했지만 2인자 대접을 받았다.
일본 해군의 수뇌진은 그의 천재적 전략과
전술을 높이 평가했고 "아키야마가 그렇다고
말하면 틀림없다"라며 신뢰했다.
아키야마 이후 일본의 해군과 육군에서
그와 같은 천재를 다시 볼 수 없었다."

리더 스타일 참모 스타일

일반적으로 2인자라 하면 천재적인 재능을 가진 리더를 뒤에서 떠받치는 실무형 참모의 이미지가 강하다. 실제로도 천재형의 1인자와 수재형의 2인자 조합이 많다.

　하지만, 훌륭한 지성의 실무형 2인자만 있는 것은 아니다. 때로는 2인자가 천재형인 때도 있다. 2인자가 천재적인 능력을 갖추고 주위 사람들이 천재형 2인자를 보좌하는 불가사의한 예도 있다. 2인자의 천재성을 1인자가 인정하고, 1인자를 포함해 주위에서 '이 사람이 하자고 하면 해야 한다'라고 판단해 지원을 아끼지 않는 상황을 말한다. 이런 전형적인 예가 아키야마 사네유키(秋山真之)다. 아키야마는 러일전쟁 당시 동해해전을 이끌었던 연합함대의 참모였다. 당시 그는 참모장도 아니었고 일개 참모에 불과했지만 2인자 대접을 받았다.

천재가 능력을 발휘한 '오르막 조직'

일본의 존재를 서구 제국이 인정한 시기는 러일전쟁의 종반, 동해해전에서 제정 러시아의 발트 함대를 격파한 때부터다. 동해해전 당시 일본 해군 사령관은 도고 헤이하치로(東鄕平八郎)지만, 전략을 세운 참모는 아키야마 사네유키였다. 그는 동해해전의 전투 시나리오를 만든 인물로 알려졌지만, 참모장도 아니었고 일개 선임 참모에 불과했다. 하지만, 일본 해군의 수뇌진은 그의 천재적 전략과 전술을 높이 평가했고 "아키야마가 그렇다고 말하면 틀림없다"라며 신뢰했다.

아키야마는 참모로서의 능력은 발군이었지만, 복장과 행동이 특이해 당시 해군에서는 별종 취급을 했다. 지휘관들은 아키야마를 기인 취급하면서도 "아키야마가 한다면 해야 한다"라고 말하며 그를 지지했다. 아키야마는 군인으로서는 형식 파괴의 인물이었지만 일본 해군은 그의 빼어난 재능을 높이 평가했다.

하지만, 아키야마 이후 일본의 해군과 육군에서 그와 같은 천재를 다시 볼 수 없었다. 제2차 세계대전 때, 일본 육군과 해군 장교는 모두 육군대학교나 해군대학교를 졸업한 엘리트였다. 감점 평가가 기본이어서 실수를 용납하지 않았다. 복장과 언동을 바르게 해야 했다. 장교의 품위를 떨어뜨리는 행위는 엄하게 처벌했다. 장교들은 감점이나 처벌이 두려워 전전긍긍했다. 제2차 세계대전

일본 연합함대사령부 막료들. 오른쪽 첫번째가 아키야마 사네유키. 그는 도고 헤이하치로(앞줄 중앙)가 연합함대 사령관에 취임했을 때 참모로 발탁되었다. 아키야마의 전술로 인해 일본 함대는 러일전쟁 시 발트 함대를 격파했다.

때는 위축된 장교들의 보신(保身) 때문에 전투 국면을 날카롭고 자유롭게 분석한 전략을 세우지 못하고 과감한 전술을 펴보지도 못했다. 그 결과 참패당하고 말았다.

'오르막 조직'과 '내리막 조직'의 차이가 엄청난 결과의 차이를 가져왔다. 러시아와의 동해해전 당시 일본 해군은 오르막 조직이었다. 오르막 조직의 특징은 능력 있는 사람의 가치를 인정하고 자유로운 활동을 허락한다. 성장하는 나라나 기업은 창의적인 이단아를 등용하고 실패를 두려워하지 않으며 도전하는 분위기에 익숙해져 있다. 스티브 잡스나 빌 게이츠가 활약한 실리콘 밸리의 벤처기업은 오르막 조직의 전형적인 예다. 보통 사람들로서는 이해

러일전쟁 승리의 상징이었던 전함 미카사. 사세보로 귀환하는 중 침몰하여 수심 11미터의 사세보
항에 가라앉아 버렸다.

못 할 기인이지만, 그들의 창의적이고 상서로운 능력은 조직에서 큰 활약을 보였고 결국 세계 시장에서 인정받았다. 잡스는 자신이 하고 싶은 일을 방해받은 때도 몇 번 있었지만, 그의 독특한 사고를 받아들여 능력을 발휘하게 하는 토양이 미국의 기업 문화다.

동해해전 때의 일본 해군도 오르막 조직이었다.

육군도 마찬가지여서 러일전쟁 때 만주군 총참모장을 지낸 고다마 겐타로(児玉源太郎)도 아키야마 정도는 아니지만, 천재였고 군인으로서는 이단아였다. 군복의 단추는 늘 잘못 채워져 있어 칠칠맞지 못해 보였고 경례조차 확실히 하지 못했지만, 러일전쟁 때 재능을 인정받아 큰 활약을 펼쳤다. 고다마는 메이지(明治) 유신 시절 병사에서 시작해 장군이 되었다. 밑바닥부터 최고위직에 오르기까지 그는 천재적인 창의성을 발휘했다.

러일전쟁 이후, 장교의 품위를 떨어뜨리는 행동은 결코 용서받

리더 스타일 참모 스타일

지 못하게 되어 고다마같이 창의성 있는 장교는 사라졌다.

조직이 활력을 잃을 때

아키야마 사네유키는 해군병학교를 나오고 사관학교를 졸업한 엘리트다. 그는 시고쿠(四国)의 마쓰야마 출신으로 어린 시절부터 군인을 지망한 것은 아니었다. 아키야마는 문학에 심취해 문인을 꿈꾸었다.

이때 익힌 문학적 소양을 그는 해군 참모가 되어 발휘했다. 아키야마가 작성한 보고서나 전문은 명문이었고 모두가 감탄했다. 관료 조직에서는 별반 필요 없는 재능이었지만, 당시 해군은 아키야마의 글 솜씨를 인정하는 대범함을 보였다.

아키야마는 원래 도쿄로 상경해 일고를 거쳐 도쿄 대학에 진학하려 했지만, 가난한 집안 형편 때문에 학비를 마련할 수 없었다. 형인 아키야마 요시후루(秋山好古)는 군인으로 생활비 정도는 벌었지만, 대학의 학비를 마련할 정도의 여유는 없었다. 어쩔 수 없이 아키야마는 공짜로 배울 수 있는 해군병학교에 진학했다. 생활고 때문에 어쩔 수 없이 군인을 택한 것이다.

아키야마는 특이했지만 발군의 영민함을 갖춰 해군병학교에서 수재로 통했다. 해군병학교를 수석으로 졸업한 아키야마는 미국

해군 제독 도고 헤이하치로(왼쪽 맨앞)와 해군사관들.

으로 유학 가, 역시 오르막 조직인 미 해군사관학교에서 미 해군의
전술과 전략을 익히고 귀국했다. 당시 아키야마는 미 해군사관학
교 교장이자 해양 전략론의 대가였던 알프레드 세이어 마한(Alfred
Thayer Mahan)의 영향을 크게 받았다. 기밀 문제 때문에 직접 마한 교
장에게 사사 받지 못했지만, 마한의 저서를 통해 미 해군의 전략과
사상을 배웠다. 귀국 후에는 일본 전국 시대의 전술을 연구했다.
아키야마는 이들 기조로 러일전쟁 때 T자형 진법을 선보인다.

　아키야마가 미국-스페인 전쟁을 참관하고 쓴 보고서는 대단한
평가를 받았다. 해군대학교 교관으로 임명되었고 도고 헤이하치
로가 연합함대 사령관에 취임했을 때 참모로 발탁되었다.

　　　　　　　　　　　　　　리더 스타일 참모 스타일

러시아의 발트 함대를 격파하고 7개월 만에 본국으로 귀향하는 연합함대의 사관들.

 아키야마의 천재적인 능력은 인정받았지만, 그의 이상한 행동은 이해하기 어려웠다. 아키야마에게는 이상한 습관이 있었다. 삶은 콩을 주머니에 넣고 다니며 생각에 몰두할 때마다 씹어먹곤 했다. 한번 생각에 빠지면 다른 사람의 이야기도 듣지 못하고 계속 콩을 씹었다. 전략을 세울 때는 잠도 자지 않고 신발도 벗지 않은 채, 죽은 듯이 침대에 가로누워 궁리에 몰두했다. 딱딱한 조직의 전형인 군대에서 이 정도면 기합 받는 것이 당연하지만, '아키야마는 어쩔 수 없다'라는 생각에 아무도 방해하지 않았다. 모두가 이해했다. 발트 함대를 물리친 획기적인 전술도 그렇게 탄생했다.

 아키야마는 운도 있었다. 블라디보스토크로 향하는 발트 함대

아키야마 사네유키는 특이했지만 발군의 영민함을 갖춰 해군병학교에서 수재로 통했다. 해군병학교 재학시절의 아키야마.

가 어느 진로로 동해로 들어올까라는 문제에 사령관은 쓰시마 해협을 빠져나올 것이라고 예상했다. 아키야마는 그에 맞춰 여러 가지 전략을 구상하고 대비했지만, 홋카이도의 소야(宗谷) 해협으로 온다는 정보가 입수되자 연합함대는 동요했다. 하지만, 러시아의 발트 함대가 쓰시마 해협에 나타났다는 보고를 받은 아키야마는 만

세를 부르며 "천우신조다!"라고 크게 외쳤다. 여러 가지 상황을 예상하고 전략을 짜고 있을 때, 이러한 보고를 접하고 복잡했던 생각이 한꺼번에 정리되었기 때문이다. 이럴 때 인간은 하늘이 도와주었다고 느낀다. 보고를 받은 아키야마도 신의 가호라고 느꼈다.

아키야마의 전술대로 전투를 펼친 일본의 연합함대는 기적적으로 러시아의 발트 함대를 격파한다. 하지만, 연합함대라는 거대 조직이 일개 참모이자 약간 비정상적인 아키야마의 주장대로 전투를 펼친 것은 지금도 대단한 일이다. 당시 일본 해군은 좋다고 생각하면 누구의 제안도 받아들이는 개방적인 오르막 조직이었다. 천재성을 비정상이라 생각하여 천대하는 조직은 창의적인 일

리더 스타일 참모 스타일

을 도모하지 못하고 활력을 잃는다.

일본 기업의 우수한 기술자, 연구원 중에는 창의적이고 비범한 사람이 많다. 오르막 조직에서는 이러한 사람을 중용하지만 이를 무시하면 내리막 조직이 되어버린다. 일본의 기업 중에는 소니가 좋은 예다. 소니는 공동 창업자가 죽고 난 후 매너리즘에 빠져 창의적인 사람들을 우습게 보는 조직으로 변질하고 퇴보하기 시작한다.

아키야마는 분열기질의 천재였지만 나르시시즘에 빠지지 않아 1인자로는 어울리지 않았다. 아키야마는 주위를 의식하지 않고 사물의 본질을 꿰뚫는 데는 탁월한 사람이었다.

제1차 세계대전 때는 독일의 패배를 예리하게 예언했다. 아키야마는 47세의 젊은 나이에 죽었다. 만약 아키야마가 장수했다면 일본 해군이 미군에게 패배할 거라고 예측하고 무모한 전쟁을 일으키지 않았을지도 모른다.

형제의 연대와 집념
아시카가 다카우지와 아시카가 다다요시

아시카가 다카우지
(足利尊氏, 1305~1358)

가마쿠라(鎌倉) 시대 후기에서 남북조(南北朝) 시대의 무장으로 무로마치 막부(室町幕府) 초대 정이대장군. 아시카가 다카우지는 가마쿠라 시대의 무장 아시카가 사다우지(足利貞氏)의 장남으로 태어났다. 아시카가 다카우지는 가마쿠라 막부를 무너뜨리고 고다이고 천황(재위 1318~1333)의 총애를 받았다. 하지만 고다이고 천황의 독재 체제인 겐무(建武) 정권이 인심을 잃는 중, 나카센다이노난(가마쿠라 막부 부흥을 도모한 반란)으로 궁지에 빠진 동생 아시카가 다다요시(足利直義)를 구하려 천황의 허락 없이 무단으로 가마쿠라(鎌倉)로 출정하여 반란군을 진압한다. 진압 후 가마쿠라에 주저앉아 독자 정권을 세운다. 이것 때문에 천황과의 관계가 악화하자 다카우지는 군대를 이끌고 고다이고 천황이 있는 교토로 들어가 천황을 몰아냈지만 천황의 반격으로 규슈(九州)로 쫓겨난다. 전열을 재정비한 다카우지는 다시 교토로 진격하여 고다이고 천황을 몰아내고 고묘(光明) 천황을 옹립한다. 1338년 자신은 정이대장군이 되고 새로운 무신정권인 무로미치(室町) 막부를 연다. 새로운 막부를 열고 동생인 다다요시와 이두(二頭)정치를 하지만, 후일 대립하고 동생을 죽였다. 자신도 일족의 내분과 남조 세력의 반항을 진압하던 중 병사하였다.

아시카가 다다요시
(足利直義, 1306~1352)

가마쿠라 말기에서 남북조 시대 초기의 무장. 아시카가 사다우지의 3남으로 아시카가 다카우치의 동생이다. 형인 다카우지를 도와 1338년 무로마치 막부를 열었고 다카우지는 정이대장군, 다다요시는 정무 담당자인 사효에노카미(左兵衛督)가 되었다. 사이가 좋은 형제를 사람들은 '양장군'이라 불렸다. 하지만, 다다요시는 1348년, 아시카가가의 집사인 고노 모로나오(高師直)와 대립하여 간노조란을 일으킨다. 다다요시는 고노 모로나오 일족을 살해하고 정무에 복귀하지만, 형인 다카우지가 토벌을 단행하여 연전연패한 다다요시는 가마쿠라에서 무장해제 당한다. 조묘지에 유폐된 다다요시는 이듬해 1352년 2월 26일 사망한다. 병사하였다는 설이 있지만, 『다이헤이키(太平記)』(일본의 고전문학)에는 다카우지가 독살하였다고 적혀 있다. 우연히도 다다요시는 고노 나오모로 형제의 1주기에 죽는다.

"무로마치 막부를 세운 아시카가 다카우지(足利尊
氏)와 아시카가 다다요시(足利直義) 형제는 보수적인
형과 공격적이고 진취적인 동생의 조합이다.
이들 형제는 마지막에 카인과 아벨같이
라이벌이 되어 결별하지만, 한때는 일치단결하여
가마쿠라 막부를 무너뜨리고
새로운 시대를 연 주역들이었다."

리더 스타일 참모 스타일

전국 시대는 물론 현대의 기업 경영에서도 동생이 형을 보좌하고, 형이 동생을 보좌하는 일이 흔하지만, 거꾸로 형제가 라이벌로 적대시하는 경우도 많다. 혈족 관계는 피를 나눈 사이인지라 친밀하지만 '골육상잔'이라는 말이 있듯이 공동으로 어떤 일을 추진할 때는 트러블이 생기는 때가 많다. 특히 형과 동생은 라이벌이 되기 쉽다. 형과 동생은 어릴 때는 부모의 사랑을 차지하려 싸우고 성인이 되어서는 재산이나 지위를 둘러싸고 싸운다. 말하자면 숙명의 라이벌이다.

카인 콤플렉스

스위스의 정신의학자 C. G. 융(Carl Gustav Jung)은 형제간, 친족간

동생 다다요시와 함께 무로마치 막부를 연 아시카가 다카우지. 다카우지는 조울증 증세를 보이는 기분파였다.

의 갈등과 형제·자매 사이의 경쟁심과 질투심을 카인 콤플렉스라고 불렀다. 카인 콤플렉스는 『구약성서』「창세기」에 나오는 아담과 이브의 두 아들인 카인과 아벨의 이야기에서 유래했다. 농사를 짓던 카인과 양을 키우던 아벨은 어느 날 하느님에게 제물을 바쳤다. 카인은 땅의 곡물을, 아벨은 자기가 키우던 양의 새끼 가운데서 첫 번째 새끼 양을 잡아 가장 좋은 부분을 하느님에게 바쳤다. 하느님은 아벨의 제물에는 기뻐했으나 카인의 제물에는 눈길도 주지 않았다. 이를 질투하여 화가 난 카인은 아벨을 들판으로 데리고 가 죽여버린다. 인류 최초의 살인에 슬퍼진 하느님은 카인을 에덴동산에서 추방하고 방랑자가 된 카인은 에덴의 동쪽인 노드에서 살았다.

지그문트 프로이트(Sigmund Freud)는 오이디푸스 콤플렉스의 기원을 민족이론으로 설명했다. 프로이트는 인류의 원죄가 아버지인 신에 대한 죄이며, 아버지에 대한 콤플렉스에서 살인 금지와 근친상간 금지라는 인류 최초의 금지가 생겨났다고 주장했다.

원시적인 씨족사회에서는 강력한 힘을 가진 족장이 가족 전체를 지배했으며, 일족의 여성 전부를 자신의 소유로 하고 딸들도 성적 대상으로 간주했다. 아버지는 여성들을 독점하려고 아들들이 성인이 되면 공동체에서 추방했다. 쫓겨난 아들들은 서로 결탁해 폭력적이고 질투심 많은 아버지를 죽이고 육신을 먹어버린다. 하지만, 그들은 아버지를 미워하면서도 사랑하고 존경해서 아버지를 죽인 것을 후회했다. 아버지가 죽은 뒤 여자들을 얻기 위해 형제간에 다툼이 벌어지고, 결국 아무도 아버지의 후계자가 되지 못한다. 아들들은 타협하고 협정을 체결해 예전에 아버지가 금지했듯이 자신들에게 일족의 다른 여자와의 성교를 금지했다. 이러한 두 개의 금기가 '친부 살해'에서 생겨났다는 이론이다.

　심리학자인 알프레트 아들러(Alfred Adler)는 인간은 "자신이 사회에서 어떻게 비칠까로 자신의 가치를 평가한다" 는 논리에 근거해 열등감에서 오는 '우월욕구'에 바탕을 둔 개인 심리학을 연구했다. 열등감과 우월욕구에서 아버지의 관심과 애정을 쟁취하기 위해, 장남과 차남, 막내는 각자의 처지에서 다양한 행동을 한다. 알프레트 아들러는 장남은 보수적이며 성실한 기질이 많고, 중간의 아들들은 공격적인 경향이 강하며, 막내는 아버지와 큰형, 중간의 형들에게 응석 부리는 의존적인 경향이 있다고 주장했다.

보수적인 형과 공격적인 동생

보수적인 형과 공격적이고 진보적인 차남 사이는, 장남이 차남을 포용하고 수동적인 자세를 취하지 않으면 관계가 매끄럽지 못하다고 한다. 동서고금을 통틀어 형제가 카인 콤플렉스형의 대립에 빠지지 않고 결속한 예는 그리 많지 않다. 형제 대부분은 싸움을 일으킨다.

동생이 형의 참모로 성공을 도운 예도 없지는 않지만, 형의 성격이 대단히 좋지 않으면 불가능한 일이다. 성공하는 형제는 천재형인 형과 실무형인 동생의 조합이 많다. 일반적으로 천재는 자기애가 강하고 광기(狂氣) 인자가 있다. 형의 광기와 예사롭지 않은 부분을 동생이 잘 감싸고 받들면 좋은 관계를 유지할 수 있다. 일본의 역사 인물로 잘 알려진 예는 앞에 소개한 도요토미 히데요시와 히데나가 형제다. 히데요시 만년의 기행은 동생인 히데나가 사망 후 현저해졌다. 히데나가는 히데요시의 자기중심적이고 돌발적인 행동이 폭주하면 제동을 걸었다. 히데요시의 잔혹한 행위에 반감을 품을 만한 사람들을 잘 구슬렸다.

형제가 다른 형태로 능력을 발휘한 사례도 있다. 무로마치 막부를 세운 아시카가 다카우지(足利尊氏)와 아시카가 다다요시(足利直義) 형제는 보수적인 형과 공격적이고 진취적인 동생의 조합이다.

형인 다카우지는 조울증 증세를 보였으며 상당히 기분파였다.

전리품을 아낌없이 부하들에게 나누어주고 아까워하지 않는 순환 기질이었다. 조(躁) 상태와 울(鬱) 상태의 격차가 심해 조 상태일 때는 기개와 도량이 넓지만, 울 상태일 때는 자신 때문에 죽은 고다이고(後醍醐) 천황과 구스노키 마사시게(楠木正成)에게 죄책감을 느껴 그들의 명복을 빌기 위해 막대한 비용을 썼으며, 절과 신사(神社)에서도 '나는 괜찮으니 동생에게 가호를 내려달라'고 빌었다. 이러한 기질 탓에 다카우지는 적에게 잔혹하지 못했다. 다카우지의 생애를 그린 『다이헤이키(太平記)』를 읽어보면, 다카우지의 행동은 보통 사람은 이해할 수 없을 정도로 예측 불가였다.

다카우지가 적에게 잔인하지 못할 때, 적을 말살하는 일은 동생인 다다요시가 도맡아 했다. 무로마치 막부를 세웠을 때 다카우지는 동생을 신뢰했고 정무를 맡겨 '양장군(兩將軍)'이라 불릴 정도였지만, 이 관계는 그리 오래가지 못했다. 막부 내 권력투쟁으로 발발한 간노노조란(観応の擾乱) 때 다다요시는 다카우지의 측근인 고노 모로나오(高師直)와 대립했고 다카우지에게 반기를 들어 일단 승리한다. 다카우지의 마음이 약해졌을 때, 다다요시는 야심을 품지만, 내전이 끝나고 다다요시가 강하게 나오자 다카우지는 폭발한다. 이는 다카우지가 조와 울이 번갈아 생기는 양극성 기분장애를 앓았다는 증거다. 두 사람은 일단 화해하지만, 다카우지는 다다요시를 결코 용서하지 못한다. 황제의 허락을 얻어 다다요시 토벌에 나선 다카우지는 가마쿠라로 도망쳐 항복한 다다요시를 독살한다.

이를 보면, 다카우지는 판에 박은 순환기질이다. 조와 울의 기복이 심하다. 평상시에는 조증을 보이지만, 때때로 울증이 찾아와 침울해진다. 다카우지는 인정이 있고 실제로도 잔혹한 성격이 아니다. 전투할 때도 적을 동정했다. 구스노키 마사시게와 싸울 때도 적의 본거지까지 쳐들어가지 않았으며 마사시게의 시신도 정중히 장사지내주었다.

다카우지는 호조시(北条氏)의 가마쿠라 막부를 타도할 때, 결정적 역할을 했다. 고다이고 천황의 신임을 얻어 글자 한 자(字)를 하사받고 개명할 정도였다. 하지만, 구조적으로 다카우지는 무사 중심이었다. 무장들을 우대하여 중세 세력을 대표했다. 이에 반해 고다이고 천황은 귀족 중심의 고대사회를 부활하려 시도했다. 언젠가 이 둘은 충돌할 수밖에 없었다. 다만, 다카우지는 이러한 구조적 대립까지 생각하지 않았다. 귀족 정치 타도라는 의식이 없었다. 오히려 무사 내부에서 발생한 갈등으로 천황과 충돌했다.

아들러의 형제이론에 따르면 다카우지는 장남형의 전형이다. 장남은 혼자만 차지하던 아버지의 애정을 동생이 태어나면 독점하지 못하게 되어 과거로 눈을 돌리는 특징이 있다. 다카우지의 행동은 혁신적이었지만 의식은 보수적이었다. 특이한 것은 다카우지가 이미 타도한 고다이고 천황에게 몇 번이나 타협하고 양보하려 했다는 사실이다. 고다이고에게 심한 죄책감이 들어 고다이고의 극락왕생을 위해 천룡사를 지었다.

아시카가 다다요시. 보수적이고 인정이 많았던 형 다카우지와 달리 공격적이고 진취적이었다. 형을 위해 돌격대장 역할도 마다하지 않았다.

다카우지는 조울증 진단을 받을 정도로 기분의 굴곡이 심했다. 울 상태일 때는 마음이 약해저 동생인 다다요시가 마무리를 지어야만 했다. 2인자가 순환기질의 1인자와 순조롭게 일하려면 반드시 주의해야 할 점이 있다. 순환기질의 사람은 울 상태에서 조 상태로 바뀔 때 자아가 커져 공격적이 된다. 이때 2인자와 충돌하기 쉽다. 순환형의 1인자가 울 상태로 접어들어 마음이 약해질 때, 2인자가 1인자 대신 중뿔나게 날뛰면, 1인자는 반드시 조 상태로 돌아오기 때문에 보복 당한다. 다카우지는 그것이 극단적이었다.

아들러의 형제이론에 따르면 동생인 다다요시는 차남형으로 진취적이고 공격적인 성격이다. 차남은 장남에게 대항해 자신의 가치를 인정받고 싶어 한다. 다다요시는 차남이 아니지만, 응석받이 막내도 아니었다. 다다요시는 형을 위해 돌격대장 역할을 마다하지 않는 성격이었다. 다카우지가 못하는 일을 다다요시는 거뜬히 해치웠다.

이들 형제는 마지막에 카인과 아벨같이 라이벌이 되어 결별하지만, 한때는 일치단결하여 가마쿠라 막부를 무너뜨리고 새로운 시대를 연 주역들이었다. 완벽에 가까울 정도로 잘 어울린 형제도 최후에는 결별하는 모습을 보면 1인자와 2인자가 좋은 관계를 유지하는 것이 얼마나 어려운지 알 수 있다.

리더 스타일 참모 스타일

2장
기업을 성장시킨 2인자

무에서 유를 창조한 로맨티스트
혼다 소이치로와 후지사와 다케오

혼다 소이치로
(本田宗一郞, 1906~1991)

혼다기연공업 창업자. 혼다 소이치로는 11세 때, 하마마쓰에 곡예비행이 있다는 것을 알고 아버지의 돈과 자전거를 훔쳐 밤새 달려 비행장에 도착한 일이 있을 정도로 기계를 좋아하였다. 1922년 고등소학교를 졸업하고 도쿄의 자동차 수리공장 '아트상회'(현 아트금속공업)에 입사하였다. 1937년 '도카이(東海)정기중공업주식회사'(현 도카이정기주식회사) 사장에 취임하고 하마마쓰고등공업학교기계과 청강생이 되어 3년간 금속공학을 공부하였다. 1945년 지진으로 공장이 파괴되어 소유하고 있던 주식 전부를 도요타자동차에 매각하고 휴식에 들어간다.

혼다 소이치로는 1946년 10월, 하마마쓰 시에 혼다(本田)기술연구소를 설립하고 사장에 취임한다. 1949년 후일 혼다의 부사장이 되는 후지사와 다케오와 만나 경영 일체를 맡기고 혼다를 세계적인 기업으로 키운다.

혼다는 자전거 엔진부터 시작하여 오토바이를 만들고 자동차를 만든 입지전적 기업이다. 파벌 없는 회사를 만들고 임원의 자녀를 입사시키시 않는 규정을 만들어 혼나반의 색깔을 만들었다. 1988년, 처음으로 F1 월드컵에서 우승하여 전 세계에 기술력을 인정받았다. 혼다 소이치로는 어록집이 나올 정도로 많은 명언을 남겼다 "도전하고 실패를 두려워하지 마라! 아무것도 도전하지 않는 것을 두려워하라!" 맨주먹으로 세계적인 자동차회사를 만든 혼다 소이치로의 일갈은 지금도 명언으로 남아 있다.

후지사와 다케오
(藤沢武夫, 1910~1988)

1910년 도쿄 시 고이시카와(小石川)구 (현 도쿄도 분쿄文京구)
에서 태어났다. 종전 후 후쿠시마에서 제재소(製材所) 운영
하다가 혼다 소이치로와 만나 혼다의 상무가 되고 재무와
판매를 총괄한다. 1952년에 전무, 1964년에 부사장으
로 승격한다.
1954년에 발표한 '맨 섬 TT 레이스 출장 선언'은 후지사
와의 작품이다. 이때는 후지사와 다케오가 실질적인 최
고경영자(CEO)고 혼다 소이치로는 최고기술책임자(CTO)
였다. 그래서 "기술의 혼다, 경영의 후지사와"라고 불렸
다. 후지사와는 혼다 소이치로와 함께 혼다기연공업을
세계적인 대기업으로 키웠다.
1973년 후지사와는 혼다 사장과 함께 부사장직을 사임하
고 최고고문이 된다. 이 은퇴는 후지사 자신이 늙어 회
사에 방해된다는 이유와 후계 육성을 위한 결단이었다. 혼
다 사장은 후지사와의 결심을 듣고 자신도 은퇴를 단행한
다. 두 사람 모두 60대였다. 창업 25주년을 맞이하면서
단행한 두 사람의 퇴장을 당대 최고의 은퇴식이라 불렀다.
1961년 혼다와 후지사와는 고학생을 위해 막대한 장학
금과 연구기금을 만든다. 후지사와가 제시한 조건은 1)
장학금의 사용처를 묻지 않는다(노는 데 쓰든지 생활비로 쓰든지
자유다), 2) 사용 내역 보고서를 제출하지 않는다, 3) 장래
진로는 자유다, 4) 반환할 필요는 없다, 5) 누가 주는지
알리면 안 된다, 였다. 두 사람은 노블레스 오블리주를 멋
지게 실천한 영웅들이었다.

"혼다 소이치로같이 하지 않으면 후지사와 타케오
는 없고 후지사와 다케오같이 하지 않으면 혼다
소이치로는 없다."

리더 스타일 참모 스타일

1973년 10월, 혼다 소이치로(本田宗一郎)와 후지사와 다케오(藤沢武夫)는 동시에 사장과 부사장직에서 퇴임했다. 그때 "좋은 인생이었어." "저도 그렇게 생각합니다"라고 말하며 두 사람은 서로 마주보았다. 이렇게 감동적인 이야기를 들은 많은 사람이 '두 사람 같은 인생을 보내고 싶다' '저런 동지를 만나고 싶다'라고 부러워했다. 일본 사람들은 누구나 자신에게 혼다 소이치로나 후지사와 다케오 같은 사람이 있으면 좋겠다고 생각한다. 하지만, 혼다 소이치로같이 하지 않으면 후지사와 타케오는 없고 후지사와 다케오같이 하지 않으면 혼다 소이치로는 없다.

혼다 소이치로, 후지사와 다케오, 어느 위치가 더 어려울까? 나는 후지사와 다케오의 위치가 혼다 소이치로보다 더 힘들다고 생각한다. 이는 유비보다 공명의 자리가 더 어려운 것과 같다.

천재형 1인자가 현실적이지 못한 이유

혼다기연공업주식회사의 전 부사장 니시다 미치히로(西田通弘)는 자신의 책 『혼다 소이치로와 후지사와 다케오에게 배운 것—1인 자와 2인자의 연구』에서 "혼다 소이치로의 생애는 수요 창조의 역 사다. 경영의 기본을 소중히 여기고 품질에 타협을 허락하지 않는 사고방식을 알기 쉽게 알려준 사람이다. 한 사람의 인간으로서도 애정과 인간미가 넘치는 사람이다. 그래서 절대자같이 대접받는 것을 싫어했다"라고 말했다.

혼다 소이치로는 대장장이의 장남으로 태어나 자동차 수리점의 수습을 거쳐 사업에 뛰어들었다. 독자적인 경영철학과 강한 신념, 풍부한 국제 감각 그리고 뛰어난 선견지명을 가지고 대국적인 스 케일로 생각하고 행동했다. '사서 기쁘고, 팔아서 기쁘고, 만들어 서 기쁘다'라는 신념으로 고객 제일주의를 관철한 사람이다. 혼다 소이치로는 자주, 자립, 자유, 인간 존중이 신조였고 평생 새로운 도전을 했다.

혼다 소이치로는 창의력과 감수성을 존중한 사람이다. 자신도 독창적이었고 감수성도 예민했으며 사원들에게도 창의력을 발휘 하라고 독려했다. "감수성을 키우려면 감동 체험이 가장 효과적이 다. 실제 체험이 가장 중요하다"라고 말했다. 은퇴 후에는 "열심히 일한 종업원 한 사람 한 사람에게 고마움을 전하고 싶다"라고 말하고 전국 서비스 공장과 작은 대리점을 순회했다. 혼다 소이치로는 미래를 내다보는 안목과 창의성, 노블레스 오블리주 같은 지도자의 요건을 고루 갖춘 사람이었다.

혼다 소이치로는 어떤 의미로는 천재다. 천재와 이디엇 서번트(Idiot Savant, 백치천재)는 공통점이 있다. 이디엇 서번트는 어느 특정한 한 가지에는 탁월한 재능을 발휘하지만, 그 이외의 부분에는 극단적으로 능력이 떨어지는 사람을 말한다. 달력을 다 외워 몇 년 몇 월 며칠은 무슨 요일이라는 것을 술술 외우거나 그 자리에서 바로 작곡도 할 수 있지만, 보육원에서도 맡지 않으려 할 정도로 이해 못 할 행동도 한다. 이디엇 서번트는 뛰어난 두뇌를 가지고 있어 일반인들이 느끼지 못하는 것을 알아차리는 능력이 탁월하다.

이디엇 서번트는 모차르트나 베토벤, 고흐 같은 사람에게 공통적으로 나타난다. 천재 중에서도 괴팍한 성격을 지녔으며 대인관계가 원만치 못한 사람을 말한다. 이디엇 서번트와 천재의 뇌에는 공통점이 있다는 것이 최근의 연구 결과로 밝혀졌다. 양쪽의 뇌에 똑같이 도파민 성분이 많았다. 도파민은 화학구조와 작용이 각성제와 매우 닮은 물질이다. 일반인에게도 어느 정도 나오지만, 천재는 이 양이 대단히 많다.

거꾸로 도파민이 적게 분비되면 파킨슨 증후군에 걸린다. 무표정해지고 몸이 굳어지며 손이 떨린다. 치매증상을 보이기도 한다. 도파민이 과다하게 분비되면 도파민 과다증후군에 걸린다. 도파

혼다 소이치로는 경영의 귀재 후지사와 다케오를 영입하여 30여 년간 생사고락을 함께 하며 혼다를 세계적인 기업으로 키웠다. 혼다 소이치로는 후지사와를 자신의 꿈을 걸 만한 가치가 있는 사람이라고 직감했다. 후지사와는 배후에서 혼다 소이치로의 특출한 재능을 최대한 발휘시키려 환경과 분위기를 조성했다.

민 과다증후군의 극단적인 증상은 통합실조증이나 각성제 정신병 증상과 동일하다. 각성제 정신병은 필로폰 같은 약물(암페타민)을 외부에서 인체 내부로 투입하여 생기지만, 도파민 과다증후군에 의한 통합실조증은 내부, 즉 뇌에서 수시로 도파민을 과다하게 생성하여 걸린다.

도파민 과다증후군의 뇌를 가진 사람은 천재가 많다. 보통 사람이 생각하지 못하는 사실이나 사물을 찾아내고 연결고리를 발견해내는 능력이 특출하다.

최고경영자가 도파민 과다증후군이면 대인관계와 일상생활이 서투르고 현실을 무시하고 너무 앞서나가 파산할 수 있지만, 간혹

리더 스타일 참모 스타일

창의적인 발명가나 경영자로 성공하는 사람도 있다. 이러한 사람들은 특정 시대나 사람, 환경의 도움을 받아 성공한다. 토머스 에디슨이나 그레이엄 벨, 일본에는 도요다 사키치(豊田佐吉, 발명가, 도요타 그룹 창업자)가 이에 해당한다. 발명가이자 경영자로 성공하려면 현실적인 사람이 옆에 있어야 한다. 혼다 소이치로 같은 천재도 현실적인 경영 능력을 갖춘 사람이 있어야만 했다. 혼다 소이치로에게 필요한 현실주의자는 후지사와 다케오였다.

도파민 과다증후군인 사람은 사물을 관념적으로 생각하고 이치를 따져 끝까지 밀고 나가는 경우가 많다. 혼다 소이치로도 자신의 생각을 이치에 맞추어 관철하는 점에서는 분열기질이다. 여기에 순환기질적 조울증이 섞여 있어 강한 에너지가 나왔다.

혼다가 자신의 능력을 발휘할 수 있었던 이유는 후지사와와의 만남이 있었기 때문이지만, 후지사와도 혼다와 만났기 때문에 자신의 능력을 최대한 발휘할 수 있었다. 후지사와도 혼다를 만나지 못했다면 자신의 이상을 실현하지 못했을 것이다.

음지의 연출자 후지사와

후지사와는 이바라키(茨城)현 유키(結城) 시에서 태어났다. 아버지가 사업에 실패하여 도쿄로 가고 난 뒤, 후지사와가 태어났다. 후지사와는 어려운 가정 형편 때문에 중학교밖에 졸업하지 못했다. 독서가 취미였고 어떻게 살 것인가를 항상 고민했다. 중학교 졸업 후 일용직으로 다양한 경험을 하다가 철강 소매점에서 일했다. 1949년, 작은 철공소를 하는 혼다 소이치로를 만났는데, 혼다 소이치로는 첫 만남에서 후지사와에게 반해버렸다. 혼다 소이치로는 후지사와가 자신의 꿈을 실현시키기 위해 반드시 필요한 사람이라고 직감했다. 실제로 후지사와는 혼다 소이치로가 특출한 재능을 최대한 발휘할 수 있는 환경과 분위기를 조성했다.

전 부사장인 니시다는 자신의 책에서 "혼다 소이치로는 화려한 꽃 그 자체이지만, 후지사와 다케오는 화려한 꽃을 피우려 존재하는 뿌리나 줄기, 잎과 같았다"라고 썼다. 후지사와는 혼다 소이치로의 그림자 같은 존재였지만 지나치게 밀착하지는 않았다. 일심동체였지만 적당한 거리를 두었다. 2인자가 1인자에게 너무 근접하면 안 좋은 경우가 많기 때문이다.

항상 함께 있지는 않았지만, 혼다 소이치로와 후지사와는 행동 패턴이 매우 닮았다. 두 사람 다 경영자지만 회사에 별로 얼굴을 내밀지 않았다. 기술자인 혼다 소이치로는 사장실보다 기술연구소나 공장을 좋아했다. 실제로 작업복 차림으로 자주 제조 현장에 나갔다. 후지사와는 영업, 경리, 관리를 담당했지만 매일 출근하지는 않았다.

니시다는 "후지사와에게서 음지에 있는 연출자의 진수를 보는

리더 스타일 참모 스타일

듯했다"라고 말했다. 후지사와가 좋아하는 말은 "백학(白鶴)은 높이 비상하고 무리를 쫓지 않는다"였다. 이는 경영자가 부하직원이나 동료와 너무 자주 어울리면 안 된다는 의미다. 회사에 큰 문제가 발생했을 때는 진두지휘해야 하지만, 그 이외에는 무리에서 떨어져 차원 높은 대국적 경영전략을 세워야 한다.

혼다 소이치로는 돌발 행동을 하는 천재였다. 직감과 번득임으로 일을 착수하고 작업하면서 생각을 하는 타입이었다.

후지사와와 혼다 소이치로는 각자 다른 취미를 가졌고 서로 적정한 거리를 유지하며 사생활을 침범하지 않았다. 상대를 존중하고 마지막까지 군자의 교류를 했다.

후지사와는 박력이 넘치고 행동이 격했지만, 사리분별 없이 저돌적으로 행동하지 않았다. 그의 행동에는 심오한 사색과 철학이 담겨 있어, 깊이 생각하고 난 후 재빠르고 확실하게 처리하는 타입이었다. 하지만, 혼다 소이치로는 대조적이었다. 직감과 번득임으로 일에 착수하고 작업하면서 생각을 하는 타입이었다. 후지사와는 독서를 좋아했지만 혼다 소이치로는 독서를 싫어했다.

1인자인 혼다 소이치로는 돌발 행동을 하는 천재였다. 회사를 둘러싼 환경이나 규칙에 큰 변화를 일으킬 수 있는 성격이었다. 회사를 발전시키는 방법은 2인자인 후지사와가 생각해내야만 했다. 그러려면 무리에서 벗어나 고독을 견디며 고통스러운 사색을 해야 한다.

혼다 소이치로는 분열기질이지만, 순환기질 또한 강한 저돌적인 사람이다. 후지사와도 같은 분열기질이다. 분열기질과 분열기질이 만나면 잘 어울리지 않지만, 후지사와는 다행히 호들갑 떠는 사람이 아니었다. 후지사와가 조울기질이 없는 분열기질이었기 때문에 충돌이 없었다. 또한 후지사와는 자신의 주변에 그룹이나 파벌을 만들지 않았다. 혼다 소이치로는 후지사와의 성격을 잘 알고 있었기 때문에 경계심 따위는 전혀 없었다. 제갈공명이 유비에게 경계심을 갖지 않게 만든 것과 같은 맥락이다. 공명은 고독한 사나이였다. 유비는 공명이 뒷전에서 파벌을 만들어 자신을 밀어내지 않을까 하는 걱정은 전혀 하지 않았다.

로맨티스트와 리얼리스트

니시다는 후지사와의 특징을 한 마디로 "웅대한 꿈을 품은 로맨티스트였다"라고 말했다. 일반적인 후지사와의 인상은 냉철하고 현실적이다. "무서운 사람, 책사(策士), 음지의 인간" 등으로 불렸다. 이러한 평가가 틀리지는 않았지만 가까이서 후지사와를 보아왔던 니시다는 이렇게 말했다. "이는 후지사와의 껍데기만을 본 평가다. 후지사와의 행동은 혼다 소이치로의 꿈에 공명하는 것이었다. 초라했던 초창기에 '세계 최고의 회사를 만들자' '혼다를 둘러싼 모든 사람이 함께 기쁨을 나누는 경영을 목표로 하자'라고 생각한 터무니없는 로맨티스트였다."

엔지니어 출신의 혼다 소이치로는 사장실보다 기술연구소나 공장을 좋아했다. 실제로 작업복 차림으로 자주 제조 현장에 나갔다. 그는 기술에 대한 사랑과 열정이 가득했다.

혼다 소이치로라는 좋은 파트너와 함께 장대한 꿈을 실현하려 한 것이 후지사와의 본심이었다. 후지사와는 혼다 소이치로가 지닌 실력과 창의력을 직감적으로 꿰뚫어보았다. 혼다 소이치로를 만난 일은 후지사와에게 큰 행운이었다.

후지사와가 타고난 로맨티스트라는 것을 첫 대면에서 파악한 사람은 혼다 소이치로였다. 혼다 소이치로는 처음 대면한 후지사와에게 다음과 같은 인상을 받았다고 말했다.

"첫 대면에서 대단하다고 느꼈다. 이야기를 나눌수록 로맨틱한 사람이었다. 높은 이상을 가졌으면서도 자신이 직접 실천하는 타

활화산으로 유명한 아사마산을 배경으로 혼다 소
이치로(왼쪽에서 네번째)와 라이더들.

입이었다. 자신이 직접 하지 않
으면 확고한 계획을 세워 다른
사람에게 맡기는 사람이라는
인상을 강하게 받았다."

후지사와는 리얼리스트인 동
시에 로맨티시스트였다.

1950년, 혼다기연은 도쿄에
영업소를 개설하고 당시 상무였던 후지사와가 영업소장으로 취임
했다. 약체였던 영업력 강화에 전력을 기울이기 위해서였다.

후지사와는 당시로는 대규모의 공장 설립을 계획했다. 1952년
부터 1954년까지 사이타마(埼玉)현의 시라코(白子), 야마토(大和),
하마마쓰(浜松)에 대형 공장을 건립했다. 혼다기연은 경쟁이 치열
한 오토바이 시장의 군소 제조업체였지만, 후지사와가 과감히 투
자할 수 있었던 바탕에는 혼다 소이치로의 기술력에 대한 믿음이
있었기 때문이었다. 후지사와는 웅대한 꿈의 실현을 확신하고 있
었다.

후지사와는 사내보에 '무에서 유를 창조하는 것'이라는 제목으
로 다음과 같은 글을 기고했다.

"무(無)라고 생각하여 아무것도 하지 않으면 영원히 무이지 않겠
나. 이것으로 충분하다고 안이하게 생각하여 종결지으면 회사의
발전은 중지되고 다른 사람, 다른 회사 흉내나 내는 회사가 되어버

린다. 따라서 혼다에서는 영원히 유(有)를 창출하지 못한다. 혼다는 감히 농업용 엔진 제작을 시작한다. 무에서 유를 창조하기 위하여."

후지사와는 단순한 현실주의자가 아니고 로맨티스트였기 때문에 '무에서 유'를 창조하는 새로운 도전의 큰 꿈을 꾸었다. 혼다 소이치로는 확실한 로맨티스트였지만 후지사와도 꿈과 로망이 있었다.

이상을 꿈꾸는 혼다 소이치로와 현실적인 후지사와 다케오는 같은 꿈을 가졌다.

1954년, 혼다는 처음으로 경영 위기를 맞지만, 후지사와는 젊은 사원들에게 꿈을 심어줌으로써 위기를 타개한다. 거래 은행과의 문제도 해결되었고 협력회사의 협조를 약속받아 위기를 극복하게 되었지만, 회사에는 활력이 없었고 분위기도 좋지 않았다.

그래서 생각해낸 것이 모터사이클의 올림픽이라 불리는 맨(Man) 섬의 TT 레이스였다. 후지사와는 혼다 사장에게 TT 레이스에 출전할 의향이 있는지를 물었고 혼다 사장은 "꼭 하고 싶다"고 대답했다. "그럼 제가 쓰죠"라고 말하고 후지사와는 혼다 사장의 이름으로 '맨 섬 TT 레이스 출전 선언'을 발표한다. 혼다 사장의 '맨 섬 TT 레이스 출전 선언'은 젊은 종업원들에게 활력을 주어 회사가 회생하는 데 큰 도움을 주었다.

TT 레이스와 F1 그랑프리 참가, 어린이에게 꿈을 주는 스즈카(鈴

혼다 소이치로.

리더 스타일 참모 스타일

鹿) 서킷랜드의 건설 등 일본에서는 누구도 생각하지 못했던 꿈을 실현한 사람이 후지사와다. 스즈카 서킷(Suzuka Circuit)은 미에(三重)현 스즈카 시에 있는 국제 레이싱 코스와 어린이용 놀이동산이다. F1 일본그랑프리와 스즈카 8시간 내구 로드 레이스가 유명하다. 1962년, 혼다에서 건설했고 총공사비는 15억 엔(오늘날 가치로 약 255억 엔, 약 3천 3백억 원)에 달했다. 1950년대 말의 경제 규모를 생각하면 엄청난 금액이었다. 모자라는 금액은 후지사와가 집을 저당 잡혀가며 완성했다. 후지사와는 현실적인 원칙을 지키면서도 꿈을 잊지 않고, 꿈을 키우는 방법을 생각한 사람이다.

예술적 감성을 강조한 것도 후지사와의 특징이다. "기업은 예술품이다. 경영은 단순하게 하라. 안이한 사업 방향전환은 위험하다. 인간의 감정을 존중하라. 본업 이외에는 손을 대지 마라. 한때의 손실에 매달리지 마라. 기업의 본질을 지키면 이익은 따라온다"라는 경영의 원리원칙을 항상 부르짖었고 엄격하게 지켰다. "기업은 예술품이다"라는 말과 같이 후지사와는 풍부한 예술적 감성을 지녔다. 후지사와는 미술과 음악을 좋아하는 예술 애호가이자 미식가였다. 유명 식당의 최고 음식만 먹었으며 화려하고 세련된 기모노를 즐겨 입었다. 후지사와는 최고를 보고 즐기면서 특유의 감성을 쌓았다.

후지사와는 스승을 모시기를 좋아했다. 예술가, 건축가, 작가 등 많은 예술가의 영향을 받았다. 작가 이쓰키 히로유키(五木寬之)는

"후지사와는 스케일이 크면서도 순수한 치기와 수줍음을 동시에 가지고 있다." "맑은 눈을 가진 정열가로, 순수한 감수성을 가진 사업가로 불가사의한 매력이 있는 인물이다"라고 말했다. 후지사와는 경영을 예술로 보았다.

호통치는 방식도 달랐던 두 사람

혼다 소이치로와 후지사와는 박력이 넘치고 호통을 치는 타입이다. 분열기질인 두 사람의 공통점이다.

한번은 신규 개점한 하마마쓰 지점의 사무실을 방문한 후지사와가 지저분한 책상을 보고는, 갑자기 물건을 집어던지고 책상을 뒤집어엎어버렸다. 175센티미터가 넘는 후지사와가 무서운 얼굴로 물건을 집어던지는 모습에 사원들은 놀라서 숨이 턱 막혔다. 후지사와는 정리정돈하지 않는 점포에서 장사가 잘될 턱이 없다고 생각했다. 자신의 책상도 잘 정리하지 않으면 견디지 못하는 꼼꼼한 사람이었다.

2인자는 꼼꼼하고 강박관념이 있는 사람이 좋다. 너무 꼼꼼한 사람은 1인자에 어울리지 않는다. 1인자는 대범한 구석이 있어야 하고 2인자는 세세하고 꼼꼼하게 챙기는 성격이 좋다. 혼다 소이치로는 호통으로 유명하지만, 후지사와도 만만치 않았다. 두 사람다 고함지르며 야단치지만, 호통 방법은 대조적이었다.

혼다 소이치로는 한여름 소나기처럼 자신의 감정을 불같이 폭발시켰다. 후지사와는 2시간, 3시간 오랜 시간 호통을 계속할 때가 잦았다. 같은 실수를 반복하지 않게 하려는 교육법이었지만, 당하는 처지에서는 장시간의 호통이 넌덜머리가 났고 무척 곤혹스러웠다.

2인자에게 필요한 것은 기획력이다

후지사와는 자신이 독자적으로 기획하여 실현하는 능력이 빼어났다. 광고, 선전, 영업 전략에도 이러한 능력을 발휘해 일본을 놀라게 만들었다. 혼다가 승용차 시장에 진출하고 일본에서 처음으로 소형 스포츠카 S500을 시판했을 때, S500의 가격을 맞추는 퀴즈 광고를 냈다. 54만 통의 엽서가 쇄도한 일대 이벤트였다. 퀴즈에 응모한 대부분의 사람이 505만 엔에서 606만 엔을 적었고 업계에서도 그 이상 생각했지만, 판매 가격은 예상을 뒤집는 450만 9천 엔이었다. 이렇게 낮은 가격의 책정은 세계 시장을 겨냥한 후지사와의 생각이었다. 후지사와는 광고와 선전을 매우 좋아했다. 포스터의 그림을 자신이 선택하고 카피 문구 전체를 직접 쓰기도 했다.

혼다는 이륜차의 전국 통일 가격을 업계 최초로 실시했고 가장 잘 팔리던 오토바이인 드림호의 가격을 2회에 걸쳐 대폭 내렸다. 후지사와의 장기적인 전략과 마케팅 감각이 잘 드러난 대목이다. 후지사와는 혼다가 자동차 시장에 진출할 때도 판매 대리점과 수리 센터를 분리하는 정책을 시행해 성공을 거두었다.

면허가 없는 어린이가 즐길 수 있는 스즈카 서킷랜드의 자동차 놀이시설인 모터스포츠 랜드와 1961년에 만든 다마(夢摩) 테크도 후지사와의 아이디어였다. 후지사와는 디즈니랜드를 높이 평가했지만, 흉내 내지 않았다. 디즈니랜드와 달리 고객이 자발적으로 참여하여 동적으로 즐기는 방법을 채택했다. 다른 사람을 모방하지 않는 참신한 기획력이 후지사와의 특징이었다.

멋진 동반 은퇴

1969년에 실시한 정부의 배기가스 규제로 혼다에도 오토바이를 공랭식으로 하느냐 수랭식으로 하느냐에 대한 논쟁이 붙었다. 기술진은 수랭식을 주장했고 혼다 소이치로는 공랭식을 고집했다. 후지사와는 "혼다 사장님, 혼다기연의 사장을 택하겠습니까? 기술자의 길을 가시겠습니까?"라고 물으며 사장을 설득했다. 혼다 소이치로는 "나는 사장으로 꿈을 펼쳐야 해"라고 말하며 수랭식

혼다 소이치로는 창업 당시 자전거에 옛 군대의 소형엔진을 부착하여 만든 모터사이클(오토바이)로 큰 호응을 얻었다. 모터사이클 제작을 시작 최초의 혼다 모터 A형을 판매하기 시작하였으며, 이어 1951년에는 드림호(號) E형, 1953년에는 벤리호와 기타 신제품을 계속해서 개발, 발표하였다.

을 허락했다. 후지사와는 혼다 소이치로를 충분히 이해하고 인정했지만 필요할 때는 직언도 마다하지 않았다. 끈끈한 신뢰관계가 있기에 과감하고 확실하게 말할 수 있었다.

앞서 말한 바와 같이 이것이 혼다 소이치로의 역할보다 후지사와 다케오의 역할이 더 어려운 이유다. 이러한 2인자를 많은 사람이 곁에 두고 싶어 하지만, 실제로 이러한 2인자를 만나기란 어렵다. 지도자나 1인자가 매력이 없으면 우수한 인재가 따르지 않고 빼어난 2인자를 질투하는 1인자도 있기 때문이다. 1인자는 2인자가 자신의 자리에 앉고 싶어 하고, 자신을 내쫓으려 할지도 모른다고 생각하는 경향이 많다. 1인자와 2인자 사이에 깊은 신뢰관계가 없으면 이러한 관계의 성립은 불가능하다.

혼다 소이치로와 후지사와는 사회적 정의감이 강했다. 도요토미 히데요시는 만년에 성격이 변했다. 후지사와는 그런 히데요시를 경멸했다. 자신들이 언제까지 경영 능력이 있을까를 냉철히 판단하고 추해지기 전에 후지사와는 혼다 사장과 함께 퇴진한다. 후지사와는 "자신이 혼다 사장을 은퇴시킨 일은 자신을 위해서가 아니고 혼다 소이치로를 비극에 빠뜨리고 싶지 않았기 때문이다"라고 말했다. 두 사람 모두 자신의 자녀를 혼다에 입사시키지 않았고 후계자로 지명하지도 않았다. 두 사람 모두 앞선 사고의 소유자였고 매력이 철철 넘쳤다.

은퇴를 결정하면서 두 사람은 이런 대화를 나누었다.

혼다: 그저 그렇네!

후지사와: 그러네요, 그저 그렇군요!

혼다: 이쯤에서 그만둘까?

후지사와: 그렇게 하시죠.

혼다: 행복했었네!

후지사와: 정말 행복했습니다. 진심으로 고맙습니다.

혼다: 나도 마찬가지야, 좋은 인생이었어.

항상 같은 꿈을 좇았던 1인자와 2인자의 멋진 대화와 은퇴였다.

리더 스타일 참모 스타일

혼다 소이치로와 후지사와 다케오는 확실히 잘 어울렸지만, 성격이 전혀 달랐다. 다름을 인정하고 서로 상대에게 반했으며 자주 붙어 있지는 않았지만, 문제가 생겼을 때는 긴밀히 의논했다. 두 사람은 그러한 관계를 지속했다. 자신을 스스로 2인자로 인정하고 1인자를 세우려는 신념이 없으면 불가능하다. 혼다 소이치로의 천재성을 후지사와가 인정했기 때문에 가능했다.

경영이념의 달인
마쓰시타 고노스케와 다카하시 아라타로

마쓰시타 고노스케
(松下幸之助, 1894~1898)

파나소닉(구 마쓰시타전기산업, 미쓰시타전기제작소, 마쓰시타전기기구제작소)을 일군 일본 굴지의 경영자. 경영의 신이라 불렸고 PHP 연구소와 마쓰시타 정경숙을 설립하였다.

마쓰시타는 16세에 오사카(大阪)전등(현, 간사이전력)에 입사하여 7년간 근무하고 퇴사한다. 오사카의 자택에서 처와 처남인 이우에 도시오(후일 산요전기를 창업한다), 친구 2명, 모두 5명이 창업한다. 새로 개발한 신형 소켓이 잘 팔리지 않자 친구 2명은 회사를 떠나지만, 전구를 2~3개 사용할 수 있는 멀티소켓과 콘센트가 달린 신형 소켓을 개발하여 대히트한다.

이후 독자적인 경영이념과 수완으로 급속히 성장하였으며 1935년 마쓰시타전기산업으로 사명을 변경하고 '내셔널(National)'이라는 상표로 국외 진출에 성공하여 세계 굴지의 가전제품 회사가 되었다. 연공서열과 종신고용제를 채택하여 직원들을 안정시켰다. 1930년대에 불어 닥친 불경기에도 마쓰시타는 단 한 명의 직원도 해고하지 않았다.

마쓰시타는 1950년부터 일본 최고 부자에 열차례, 40년 연속 100위 이내에 들었다. 평생 약 5천억 엔의 재산을 모았다고 추정한다. 1973년, 현역에서 은퇴하고 1979년에 사재 70억 엔을 투입하여 마쓰시타 정경숙을 건립한다.

다카하시 아라타로
(高橋荒太郎, 1903~2003)

마쓰시타 고노스케의 그림자 같은 남자 다카하시 아라타
로는 1903년 가가와(香川)현에서 출생하였다. 소학교 졸
업 후, 상점에서 일하며 공부하여 고베상업보습학교를
졸업하였다. 아사히(朝日)건전지에 입사하여 1929년 상
무가 되었다. 1936년 마쓰시타전기(현, 파나소닉)로 옮겨
전무, 부사장을 거쳐 1973년 회장이 되었다.

입사 후 경리책임자로 '경영경리제도'를 확립하고 마쓰시
타 고노스케의 오른팔로 필립스와의 기술제휴를 체결하
였으며 인사, 총무 등 경영관리체제를 정비하였다.

1973년 7월, 마쓰시타 고노스케 회장은 창립 55주년을
맞이하여 현역에서 은퇴하고 다카하시 아라타로 회장,
마쓰시타 마사하루(松下正治, 마쓰시타 고노스케의 사위) 사장의
신체제가 출범한다.

다카하시는 "마쓰시타 고노스케가 정한 경영의 기본방침
을 충실하게 실천하는 것이 중요하다"라고 역설하여 마
쓰시타 정신의 선교사라고 불렸고, 경영의 신이라 불렸
던 마쓰시타 고노스케가 신이라 불렀던 사람이다. 다카
하시 아라타로는 2003년 99세로 사망하였다.

"2인자인 다카하시 아라타로의 존재는 마쓰시타
고노스케에게 매우 중요했다.
마쓰시타 고노스케는 어떤 의미에서는
다카하시 아라타로를 무서워했다."

리더 스타일 참모 스타일

창조적인 천재와 현실적인 참모라고 하면 마쓰시타전기의 마쓰시타 고노스케(松下幸之助)와 다카하시 아라타로(高橋荒太郎)가 떠오른다. 마쓰시타 고노스케는 창조적 천재이며 신비적이기까지 하다. 만년에는 PHP를 설립하여 어느 정도 자기를 신격화했다.

PHP(Peace and Happiness through Prosperity)는 출판 사업을 하는 회사로, 물심양면의 '번영을 통해 평화와 행복을' 실현한다는 마쓰시타 고노스케의 사상에서 그 이름을 따왔다.

"자신을 주시하는 무서운 사람이 없으면 실패한다"

마쓰시타 고노스케는 최후까지 오사카 상인이었다. PHP는 마쓰시타 고노스케 자신을 신격화한 책을 많이 발간했지만, 그래도 망하지 않고 직원들을 불행하게 만들지 않았다.

마쓰시타 고노스케에게도 명참모가 존재했다. 2인지인 디키히시 아라타로의 존재는 마쓰시타 고노스케에게 매우 중요했다. 마쓰시타 고노스케는 어떤 의미에서는 다카하시 아라타로를 무서워했다.

마쓰시타 고노스케는 한때 다카하시 아라타로 밑에서 일한 적이 있는 손자뻘의 히라다 마사히코(平田雅彦)를 불러 일본 빅터로 가야하는 이유를 설명한 적이 있다. 도요토미 히데요시와 나폴레옹을 예를 들며 100년, 200년에 한 번 나오는 위인들도 실패할 때가 있다고 했다. 마쓰시타 고노스케는 히라다에게 이러한 위인들이 실패한 원인을 다음과 같이 설명했다.

"그것은 자신에게 무서운 사람이 없어서야. 그렇게 위대한 사람도 자신을 주시하는 무서운 사람이 없으면 실패해."

여기서 무서운 사람은 2인자인 다카하시를 의미한다. 2인자로서 다카하시의 존재 의의를 설명한 것이다. 마쓰시타 고노스케는 이러한 생각으로 부사장이었던 다카하시에게 많은 권한을 주었다.

마쓰시타 고노스케는 히라다에게 "히라다 군, 일본 빅터는 소니같은 회사가 되어야 해. 기술에 자부심이 없으면 안 된다는 이야기야"라고 말했다. 마쓰시타 고노스케가 생각한 일본 빅터의 목표는 소니였다.

소니의 공동 창업자인 모리타 아키오(盛田昭夫)와 이부카 마사루(井深大)는 1인자와 2인자라기보다 투 톱 체제였다. 상하관계가 아니고 수평관계의 공동 체제였지만 경영의 모리타, 기술의 이부카라 불렸다. 소니는 천재형의 이부카와 현실적인 모리타의 호흡이 잘 맞았을 때 세계의 소니로 발돋움했다.

마쓰시타 고노스케가 작은 회사에서 출발해 정상에 등극했다는 점은 혼다 소이치로와 통한다. 혼다 소이치로 정도의 외향적인 성격은 아니지만, 경영이념이 확실하고 경영철학이 뚜렷하다는 점은 같다. 경영에 필요한 것이 무엇인지 목표를 세우고, 목표를 향해 어떻게 전진해야 하는지를 실천하는 것 또한 비슷하다.

"숫자에는 사람이 있고 제품이 있다"라는 말이 마쓰시타 고노스케 경영의 기본정신이다.

경리는 경영의 나침반이다

마쓰시타 고노스케는 분열기질이며 종국에는 자신을 다소 신비화하는 사람이었다. 마쓰시타 고노스케는 자신의 이상을 사업에 국한하지 않았다. PHP를 시작했고 사회, 국정에 영향을 미치는 마쓰시타 정경숙(松下政經塾)을 만들었다.

사업을 망치지 않으려면 현실적이며 창업자의 이상을 확실히 이해하는 2인자의 존재가 필요하다. 마쓰시타전기에서는 다카하시가 그 역할을 했다. 마쓰시타 고노스케의 이념과 아이디어를 실천하려면 실무 책임자인 다카하시는 없어서는 안 될 존재였다.

마쓰시타 고노스케는 이념적인 사람이었지만, 경리를 중요시했다. 다카하시는 "마쓰시타전기는 어느 사업부를 가도 경영방침은 하나다. 본사에서 정한 방침에 여러분은 믿음을 가져야 한다. 경리의 부실은 경영부실이다. 경리는 경영의 나침반이다"라고 반복하여 강조했다. 마쓰시타전기는 경리를 매우 중요하게 생각했다. 이는 창업자인 마쓰시타 고노스케의 생각이기도 하고 실무 책임자인 다카하시의 생각이기도 했다.

마쓰시타전기는 새로운 계열사를 세우기로 하면, 최우선으로 경리 책임자를 뽑고 그다음에 판매회사는 영업 책임자, 제조회사는 제조 책임자를 선발했다. 이러한 패턴으로 새 사업을 시작하는 것을 정형화했다. 이 방식은 마쓰시타전기가 해외 진출을 할 때도 똑같이 적용했다.

마쓰시타전기의 감사과는 현장에서 단련된 전문가와 경리 책임자로 구성된다. 감사 기준은 경리 규정의 준수 여부였다. 경리 규정은 장정이 훌륭하고 숭후했으며, 1) 규정, 2) 실시규칙, 3) 수속준측(手續準側)의 3부로 구성돼 있다.

수속준측에는 도표까지 실려 있어 작업의 순서가 알기 쉬웠고 기재하는 방법도 친절하게 설명되어 있다. 수속준측 사례집에는 숫자 쓰는 법과 전표, 시산표를 사용한 거래의 예를 들어 상세히 설명하고 있다. 장부와 전표의 정정 방법도 '붉은 선을 두 번 그어서 자신의 도장을 찍는다'와 같이 구체적으로

회장 퇴임식에서 마쓰시타 고노스케, 다카하시 아라타로, 마쓰시타 마사하루 사장. 다카하시 아라타로와 같은 꼼꼼한 성격의 2인자가 있었기에 마쓰시타 고노스케 같은 천재가 마음껏 뜻을 펼칠 수 있었다.

적혀 있다. 경리의 거의 모든 것이 이 경리 규정에 적혀 있다. 이같이 간결한 표시와 장부 정리는 마쓰시타 경리의 특징으로 마쓰시타 그룹 내에서 이러한 표시를 사용하면 그룹 전체에 통했다. 이 경리 규정을 만든 사람이 다카하시였다.

마쓰시타의 경영방침을 완성하다

다카하시는 흡수합병된 회사에서 마쓰시타전기로 들어왔다. 보통 사람은 기가 죽지만 그는 당당했다. 지금부터 크게 될 회사라는 희망을 품었기 때문이다.

다카하시에게 떨어진 작업은 9개 회사의 통일된 경리 기준을 만드는 일이었다. 마쓰시타 고노스케는 계열사의 경영 자주성과

독자성을 인정하고 권한도 대폭 부여하여 능력 있고 개성 넘치는 경영자가 많이 나왔지만, 자칫 잘못하면 중구난방이 될 우려도 있었다.

9개 회사를 묶는 경영 기준이 필요했다. 회사의 업적과 재정 상태를 같은 척도로 바르게 알 수 있는 경리 기준과 마쓰시타의 경영 이념을 구체화한 경영방침을 만들 필요가 있었다. 다카하시는 4명의 경리과 직원을 동원해 3개월 만에 경리 규범을 만들었다. 이 규범이 마쓰시타전기 경리의 원전이다.

다카하시는 1943년에 임원이 되고 이듬해 상무, 1949년에 전무가 되었다. 그동안 마쓰시타전기의 실질적인 책임자로 자금 관리를 담당하며 마쓰시타 고노스케를 도왔다. 다카하시가 만든 경리제도는 마쓰시타전기를 실질적으로 뒷받침했다. 회사 내부를 믿고 맡길 수 있는 사람이 있었기 때문에 마쓰시타 고노스케가 안심하고 푸른색 작업복을 입고 현장을 돌아다닐 수 있었다.

다카하시의 신조는 '매일매일 완결'이다. 다시 말하면 하루하루 결산한다는 원칙이다.

'당일 거래는 당일 결산하여 잔액 시산표를 작성한다. 매출, 이익, 자산, 부채의 움직임을 확인하고 하루를 완결한다'는 지침이다. 이러한 방식으로 하루하루를 맞추어 나가자 매 분기 결산도 빨라졌다. 결산이 빨라질 뿐만 아니고 정확도도 높아져 기말 본 결산에서도 오차가 없었다. 제품과 재료의 재고도 창고 담당 직원이 직

일본에서 '경영의 신(神)'으로 추앙받는 마쓰시타 고노스케. 경영을 단순한 '돈 벌이'가 아니라 사람들의 행복에 기여하는 가치 있는 종합예술로 여겼다. 마쓰시타 고노스케는 이상주의자이자 아이디어가 넘치는 사람이었다.

1973년 일본 최초로 환기팬 생산 누계 1천만 대 달성 기념식에서의 다카하시 아라타로 회장.

접 확인했다.

마쓰시타전기에서는 매월 재고 조사가 당연한 일이지만 그렇게 까지 하는 회사는 드물다. 보통 2 분기나 4분기 말에 하는 것이 고 작이다. 시간과 인력이 너무 소요 된다는 것이 구실이었다. 반년에 한 번 하는 재고조사는 오차가 불가피했고 원인을 찾아내는 일 또 한 보통 문제가 아니었다. 많은 인력이 필요하고 재고량이 맞지 않 아 막대한 상각이 발생했다.

'매일매일 완결'을 실천하면 사람, 물건, 서류의 정리 방법이 바 뀐다. 무엇보다 사람의 마음이 바뀐다. 정리, 확인은 마쓰시타 경 리의 기본이다. 하루 일을 완결하고 나면 다카하시의 책상 위에는 한 장의 서류도 남지 않았다. 지금은 엑셀 같은 경리 프로그램을 사용하지만, 경리의 기본 전통은 지금도 마쓰시타, 일본 빅터 양 사에 남아 있다.

이렇게 꼼꼼한 성격의 2인자가 있었기에 마쓰시타 고노스케 같 은 천재가 마음껏 뜻을 펼칠 수 있었다.

마쓰시타 고노스케는 이상주의자이자 아이디어가 넘치는 사람 이었다. 천재 발명가에게 현실적이고 빈틈없는 2인자의 존재는 상 당한 도움이 된다. 다카하시의 꿋꿋함은 집착기질이다. 분열기질

리더 스타일 참모 스타일

의 사장과 집착기질의 참모는 아주 흔한 조합이다. 다카하시는 마쓰시타전기의 경영방침을 만들고 창업정신을 구체화했다.

다카하시는 같은 말을 여러 번 반복했다. 인기를 위해 즉흥적인 말을 하지 않았다. 다카하시가 말을 시작하면 "또 시작이다"라고 푸념하는 사람도 있었다. 다카하시는 그에 대해 이렇게 설명했다. "같은 말을 반복하는 것은 듣는 사람보다 말하는 사람이 더 힘들다. 실천하지 않으니까 반복해서 말한다. 세상에 가장 어려운 일은 누구나 알고 있고, 누구나 할 수 있는 일을 틀림없이 하는 것이다. 어려운 일이기 때문에 끈기가 필요하다. 지시하는 사람은 더욱 끈기가 필요하다." 이러한 집요함과 고집이 집착기질의 특징이다.

미스터 경영방침

어느 날 실적이 오르지 않아 고민하는 사업부장에게 다카하시는 이렇게 이야기했다.

"그는 아직 경영방침의 고마움을 모른다. 나는 아사히전지에 근무할 때, 마쓰모토(松本) 사장에게 업무를 지시받아 처리했지만, 경영방침이 일관적이지 않아 헤맨 적이 한두 번이 아니었다. 한동안은 불안해 잠도 오지 않았다. 마쓰시타전기로 와서 마쓰시타 고노스케 사장의 경영방침을 보고 감명을 받았고 마음이 놓였다. 경영 방침에 맞추어 대응하면 고민할 것이 없다. 단지 개별적인 상황에 따른 구제적 대책을 연구하고 직원들의 중지를 모아 노력하면 된다. 얼마나 고마운 회사냐?"

다카하시는 후일 '경영방침 선생' '미스터 경영방침'이라 불렸다. 회사가 존폐 위기에 부딪히기도 했지만, 그때마다 분골쇄신하며 1인자를 보좌했고 회사를 지켰다. 다카하시는 자기 주관이 뚜렷했지만 회사와 종업원을 소중히 여겼다.

다카하시는 아사히전지 시절 25세라는 젊은 나이에 상무가 되었다. 그런데 라디오 건전지가 직류에서 교류로 바뀌어 공장이 위기에 빠졌다. 다카하시는 사장에게 건의해 본사에서 공장을 분리한 뒤 자신이 분리된 공장의 책임자를 맡아 개인 경영 형태로 재건에 나섰다.

다카하시는 정신을 일신하는 것이 중요하다고 생각해 상무직을 버리고 주임으로 직책을 바꾼 뒤 종업원들에게 다음과 같이 말했다.

"이 공장을 개혁하고자 합니다. 하지만, 절대로 희생자는 나오지 않을 것이고 임금 삭감도 없을 것입니다. 내가 이 회사에 있는 이상 모든 책임은 내가 집니다. 나도 중역에서 물러나고 개혁에 동참할 각오입니다. 여러분도 공장의 재건에 꼭 협조했으면 합니다. 여러분의 급여는 생활의 기본입니다. 생활을 위태롭게 하면 여러분도 공장 재건에 집중할 수 없습니다. 그래서 급여의 삭감은 없습니다. 하지만, 지금의 경영 상태로는 이전과 같이 보너스를 지급할 수 없을지도 모릅니다. 그것은 각오하십시오. 또한, 회생할 수 없을지도 모릅니다. 여러분의 퇴직금을 지급할 수 없게 되면 안 되니, 회생에 동참하는 사람들은 퇴직금을 미리 주겠습니다. 나와 함께하지 않는 사람에겐 지금의 두 배에 해당하는 퇴직금을 지급할 예정입니다. 신청하세요."

이런 제안을 들은 종업원들은 너나할 것 없이 모두 다시 태어난 것처럼 합심하여 반년 만에 공장 재건에 성공했다. 그해 말에는 보너스도 받을 수 있었다. 다카하시는 1인자가 아니고 참모지만, 올바른 경영이념에 기초한 정신을 마지막까지 잃지 않았다.

최고 책임자가 된 참모
도요다 가문과 이시다 다이조

도요다 사키치
(豊田佐吉, 1867~1930)

도요타 그룹의 창업자이자 발명가. 도요다 사키치는 1867년 시즈오카현 고사이(湖西)시에서 가난한 목수의 아들로 태어났다. 소학교를 졸업하고 아버지의 뒤를 이어 목수의 길을 가려 하였다. 18세 때인 1885년 공포한 전매특허조례에 자극을 받아 "배우지도 못하고 돈도 없는 나는 발명으로 사회에 공헌하겠다"라며 방직 기계 개량을 시작하였다. 1890년 11월, 도요다 식 목제 인력 방직기를 발명하여 특허를 취득하고 1891년, 도쿄의 아사쿠사에서 개업하지만 망하고 이혼한다. 1897년 재혼하고 효율이 좋은 동력 직기를 개발하여 1898년 미쓰이(三井)물산과 공동출자하여 회사를 세워 동업하지만, 마찰이 자주 일어나 1902년 독립하여 도요타상회를 설립하고 1906년 12월에는 도요다 식 직기 회사를 세운다.

장남인 기이치로(喜一郎)와 개발한 G형 자동직기는 고속 운전이 가능한 직기로 당시에는 획기적인 제품이었고 특허를 취득하였다. 사키치가 1903년 착상한 자동직기를 22년 만에 완성하였다.

도요다 사키치는 1930년 사망하며 자동차 개발을 유언으로 남겼다. 영국에서 받은 특허사용료는 자동차 개발에 사용하였고 도요타자동차의 기초가 되었다. 사키치의 유품과 발명품은 도요타자동직기 본사에 전시되어 있다.

이시다 다이조
(石田退三, 1888~1979)

도요타자동직기사장. 도요타자동차 사장, 회장, 상담역.
2차 대전 후 도요타자동차를 재건하여 '도요타 중흥의 할
아버지'라 불린다. 친척의 소개로 핫토리(服部)상점으로
들어가 상하이(上海) 지점에서 근무하던 중, 도요다 사키
치를 만나고 후일 도요타방직에 입사한다.

이시다는 1948년 도요타자동직기 제작소 사장이 되지
만, 노동쟁의가 격화되어 도요타자동차가 위기에 처하자
사장으로 취임한다. 이시다가 도요타자동차 사장에 취임
한 다음에 한국전쟁이 발발한다. 미군은 한국전쟁에 사
용할 군용차량이 필요하였고 도요타자동차는 닛산(日産)
자동차, 이스즈자동차와의 미군 트럭 입찰에 승리하며
급속도로 회생한다.

이시다는 쓸데없는 곳에는 일절 돈을 쓰지 않았다. 도요
타자동차 위기 때 누적적자가 쌓여 은행에서 융자를 거절
당한 아픈 경험이 있었기 때문이다. "자신의 성(城)은 자
신이 지킨다"라고 말하며 내부유보금을 늘렸다. 당장 필
요한 기계를 사는 데만 자금을 투입하였다. 이 방침은 지
금까지 지켜져 도요타자동차는 '도요타은행'이라 불릴 정
도로 내부유보금을 많이 보유하고 있다.

이시다가 사장 재임 중에는 종이 뒷면까지 사용하였고 연
필도 사용할 수 있을 때까지 버리지 않았다. 이러한 절약
으로 도요타자동차는 무차입 경영을 할 수 있었고 지금도
우량한 재무구조를 유지하고 있다.

"'천재' 도요다 사키치와
'장사꾼' 이시다 다이조의 만남은
혼다 소이치로와 후지사와 다케오의 만남과
똑같이 발명가와 현실주의자의 만남이다.
이러한 콤비는 서로 모자란 부분을 보완해
엄청난 시너지 효과를 낸다."

리더 스타일 참모 스타일

참모 중에서도 가장 뛰어난 책임 참모가 있다. 나는 이시다 다이조(石田退三)가 그런 사람이라고 생각한다.

이시다는 도요타자동직기제작소에서 도요타자동차로 옮기는 과정에서 도요다 사키치(豊田佐吉), 도요다 리자부로(豊田利三郎)의 2인자로 도요타를 크게 키웠다. 이시다는 여러 직업을 전전하다, 마흔이 넘어서야 도요타에 입사했다. 사원부터 시작해 차근차근 계단을 밟아 올라가 2인자가 된 사람이 아니다. 중도에 입사해 도요타를 크게 키운 사람이다.

이시다 다이조는 일생을 통해 위대한 경영자와 많이 만났다. 이시다 다이조는 메이지 시대(明治時代, 1868~1912) 말에서 다이쇼(大正) 시대에 일본에서 출세한 전형적인 인물이다. 지금의 대기업 또는 정치계의 참모들도 이시다의 인생은 많은 참고가 될 것이다.

이시다 다이조는 오미(近江) 상인의 고향인 시가현 출신으로 6형제의 막내로 태어났다. 오미 상인은 오사카 상인, 이세(伊勢) 상인과 더불어 일본의 3대 상인이다. 아버지가 오타니(大谷)촌의 초대 촌장을 지낼 정도로 마을의 유지였지만, 이시다가 초등학교 재학 중 사망하여 가세가 기울었다. 장남을 제외하고 모두 남의 집 양자로 가게 되어 가족은 뿔뿔이 흩어졌다. 이시다 다이조의 당시 성은 사와다(沢田)였다. 이시다는 양자로 입적한 집의 성이다.

운명적인 만남

어린 시절 곤경에 처한 이시다 다이조에게 몇 가지 운명적인 만남이 찾아왔다. 지방 유지인 다케나카 고타로(竹內庫太郎)는 이시다 다이조의 외삼촌이었다. 다케나카의 누나가 이시다 다이조의 생부인 사와다 도쿠사부로(沢田德三郎)와 결혼한 것이다. 다케나카의 여동생에게 아들이 있었는데 이름이 고다마 이치조(児玉一造)였다. 다케나카는 고다마의 학비를 대주었다. 고다마는 오즈(大津)상업고등학교를 수석으로 졸업하고 교사의 길을 택하려 했으나 포기하고 미쓰이(二井)물산의 사원이 되었다. 자신의 학비를 내준 다케나카에게 취직 인사를 하러 간 고다마는 초등학교 졸업 직전의 이시다 다이조와 만난다.

고다마는 오즈상업고등학교에 입학하기 전까지, 낮에는 은행

급사로 일하며 밤에는 학원에서 공부했다. 고다마가 오즈상업고등학교에 입학한 경위는 지금 사람들이 들으면 놀랄 일이었다. 고다마는 직접 교장 집으로 찾아가 오즈상업고등학교에서 공부하고 싶으니 입학시켜달라고 졸랐다. 입학시험 대신 부기시험을 볼 테니 성적이 좋으면 입학시켜달라고 했다. 그의 용기에 감탄한 교장이 그 자리에서 구두시험을 냈고, 당당히 합격한 고다마는 본과 2학년에 편입하는 특전을 얻는다.

오즈상업고등학교를 수석 졸업한 고다마는 미쓰이물산에 취직했다. 메이지 시대에 성공한 사람의 대표적 인생 스토리라고 할 수 있다. 고다마는 후일 미쓰이물산 면화부에서 독립한 도요(東洋)면화(오늘날의 도멘)를 창업했다. 고다마는 이시다 다이조, 도요다와 인연이 많은 인물이다.

고다마가 이시다 다이조와 만났을 때 이시다 다이조의 어머니에게 "중학교 정도는 보내야 한다"고 설득했다. 부족한 학비는 다케나카가 책임을 지기로 하고 이시다 다이소는 히코네(彦根)중학교에 입학했다.

마쓰시타전기의 마쓰시타 고노스케와 혼다자동차의 혼다 소이치로는 한 가지 사업에만 치중했다. 하지만, 이시다 다이조는 눈이 어지러울 정도의 변화무쌍한 삶을 살았다. 마쓰시타 고노스케는 이시다 다이조를 이렇게 평했다.

"저 사람은 특별해. 우리는 한 가지 일에만 치중해 성공했지만 이시다는 그때그때 주어진 일에 훌륭한 업적을 남겼어. 한 가지 종목에서 성공하는 일은 어떤 의미로는 간단하지만, 이시다는 도요타 자동차에 들어가기 전부터 여러 회사에서 경험을 쌓았지. 그런 의미에서는 희귀한 성공자고 내가 지금도 머리가 숙여지는 이유야."

도전정신으로 임하다

이시다는 중학교를 졸업하고 시간제 선생을 했다. 하지만 그는 "내가 선생 할 이유가 없다. 미래가 빤히 보이는 직업은 재미없어"라고 말하며 반년 만에 선생을 그만두었다. 이시다는 지인의 소개로 교토의 서양 가구점인 가와세 상점에 급사로 들어갔다. 거래처를 도는 것이 주 업무였다. 5년째 되던 해, 갑자기 사장에게 "교토에서 이 이상의 장사는 무리입니다. 오사카로 보내주세요"라고 말하며 주저하는 사장을 설득해 오사카지점을 개설하고 자신이 직접 부임하여 성공을 거두었다. 이시다는 이런 일이 재미있어 미칠 지경이었다.

이시다는 새로운 시상에 뛰어드는 것을 좋아했다. 상략한 추신력과 빠른 머리 회전은 누구에게도 지지 않았다. 가미야 쇼타로(神谷正太郎)는 전 도요타자동차판매의 사장으로 판매의 신이라 불렸던 사람이다. 이시다는 "도요타의 가미야보다 내가 장사를 더 잘한

다. 다만, 파는 것만이지
만……"이라고 말했고 세일즈
이야기라면 그칠 줄 몰랐다. 이
시다는 그 정도로 장사를 좋아
했다. 이시다는 오미 상인의 피
를 이어받아 전향적이고 적극
적인 성격이다. 이시다에게는
메이지 시대의 도전정신이 넘
쳤다. 상승지향이고 적극적이
었다.

일본의 발명왕이자 도요타의 창립자인 도요다 사키치. 도요타의 첫걸음은 섬유기계 제작으로 성공한 발명왕 도요다 사키치에서 시작된다.

  '이 아이는 도움이 되겠어'
'이 아이는 큰 인물이 되겠어'라는 생각이 들면 주위 사람 중 후원자가 나타나 학비를 대주는 것이 메이지 시대의 특징이었다.

  이시다는 오사카지점장으로 열심히 일하지만 매달 자금 조달에 애를 먹는다. 월초 은행에서 1천5백 엔의 어음을 발행하고 다람쥐같이 일해 월말에 어음을 막는다. 다음날부터 또 어음을 발행하는 생활의 연속이었다.

  어느 날 은행 지점장에게 "도저히 힘들어서 견딜 수가 없소. 피해를 주지 않을 테니 5백 엔만 어음을 늘려주시오"라고 요구했다. "괜찮을까?"라고 불안해하는 지점장에게 "걱정하지 마시오. 지금은 힘들지만 조금 여유가 생기면 더 좋은 사업을 할 것이오. 나도 이제 돈의 흐름을 알게 되었소"라고 말하며 은행 지점장으로부터 "당신의 말을 믿어보겠소"라는 긍정적인 대답을 이끌어냈고 5백 엔어치 어음을 더 발행할 수 있었다.

이시다는 이렇게 적극적이고 과감한 사람이었다. 이시다는 얼마 가지 않아 가구점을 그만두었다. 서양 가구라는 한계가 있는 상품은 이시다에게 매력이 없었다.

삼년잠보, 장사를 배우다

이때 본가에서 양자 입양 이야기가 들어와 양자로 들어가게 되고 '사와다 다이조'에서 '이시다 다이조'로 이름이 바뀐다. 이시다를 양자로 들인 사람은 지방의 상인이었다. 이시다는 마침 가게를 그만둔 뒤여서 아무것도 하지 않고 빈둥거렸다.

빈둥빈둥하는 것도 일본에서는 한 가지 삶의 방식이라 할 수 있다. 『오토기조시(御伽草子)』에 등장하는 '삼년잠보(三年寢太郎)'나 '볏짚 장자(わらしべ長者)'도 일을 하지 않고 빈둥빈둥하지만, 항상 무언가를 궁리하고 있었고 결국 기회를 잡아 두 사람은 부자가 된다. 이러한 이야기가 일본 민화에 남아 있다.

『오토기조시』는 일본의 옛날이야기를 모아놓은 책이다. '삼년잠보'는 가뭄 때문에 고민하는 마을에서, 삼 년간 잠만 자던 '네타로(寝太郎)'라는 청년이 갑자기 일어나 산의 돌을 굴려 강물을 막아서는 마을의 논에 물을 대어 가뭄 문제를 해결했다는 이야기다. 자고만 있었던 것이 아니라 삼 년 가뭄의 해갈을 고민했다는 것이다. '볏짚장자'는 어느 가난뱅이가 머리를 써 볏짚을 물물교환하여 마지막에는 부자가 된다는 이야기다.

이시다 다이조. 1950년 노동쟁의와 판매부진 등으로 파산 위기에 닥쳤을 당시 사장으로 부임해 위기의 도요타를 구해냈지만 자신은 2인자이자 실무 책임자라는 것을 잊지 않았다.

지금 일본의 오타쿠(おたく, 한 분야에 열중하여 심취해 있는 사람)나 히키코모리(ひきこもり, 사회생활에 적응하지 못하고 집 안에만 틀어박혀 사는 사람), 니트족(NEET, 일이나 학업을 하지 않고 집에만 있는 사람) 같은 젊은 사람이 주위의 부정적인 시선을 받지만, 이들도 인터넷이나 메일로 외부와 소통하며 다양한 정보를 습득한다. 이들 또한 언젠가 삼년잠보와 같이 큰일을 하는 사람이 될지도 모른다.

이시다가 그러했다. 이시다가 너무 빈둥빈둥거리자 참다못한 양어머니가 화를 냈다. "우리는 놀고먹으라고 너를 양자로 들인 것이 아니야. 어디서든 좋으니 일해서 생활비라도 벌어라"고 야단을 쳤다.

이후 이시다는 도쿄의 기모노 도매상에 취직한다. 하지만, 일은 길거리 행상 같았고 목욕탕도 없는 월세 방에서 살았다. 일 년간 수레를 끌며 일을 했다. 이때, 이시다는 겸손해진다. "나는 으스댄 적이 없다. 가끔은 잘난 척하고 싶은 상대도 있지만 실제로 만나면 그러지 못한다. 옛날에 힘들었던 기억이 되살아나기 때문이다"라고 후일 이야기했다.

이시다와 마쓰시타 고노스케가 인사를 나누는 것을 본 사람에 따르면 "양쪽 다 허리를 굽혀서 인사하지 않고 꿇어앉아 인사했다. 당시 상인들의 인사는 머리를 숙이는 것이 아니라 머리를 낮추는 것이었다. 즉 무릎을 꿇는 것이다. 이러한 인사법은 행상인 시기에 익힌 것 같다"라고 말했다.

그 후, 이시다는 다시 양어머니가 있는 집으로 돌아온다. 하지만, 그곳에는 일이 없었다. 쌀겨 3홉만 있어도 양자로 가지 않는다는 슬픔도 그 시기에 맛보았다. 그때 일자리를 구해준 사람은 사촌 형인 고다마 이치조였다. 고다마는 성격이 급하고 입이 험했지만, 인정 많고 추진력도 뛰어났다. 고다마의 추진력은 미쓰이물산의 창립자 마스다 다카시(益田孝)도 높이 평가할 정도였다. 고다마는 고베산바시라는 장고회사와 직조회사인 핫토리상점, 두 곳을 이시다에게 소개했다. 이시다는 안정된 창고회사보다 장사하는 나고야의 핫토리상점을 택했다. 이것이 이시다의 인생을 결정한다.

핫토리상점의 사장인 핫토리 가네사부로(服部兼三郎)도 입지전적인 인물이다. 초등학교를 나와 나고야의 큰 직조업자 밑에서 오랜 기간 사환을 거쳐 독립한 그는 뛰어난 재능과 적극성으로 핫토리 상점을 단기간에 크게 성장시켰다. 핫토리상점에서 이시다는 진정한 장사를 배우게 된다.

게다가 이시다는 핫토리상점에 들어가고 얼마 되지 않아 운명적인 만남을 갖는다. 핫토리 사장실에서 처음으로 도요다 사키치와 대면한 것이다.

"갑자기 문이 열리며 손님이 들어왔다. 40세 정도의 무뚝뚝한 남자로 보따리를 허리에 찬 모습은 아무리 보아도 수출상사의 손님은 아니었다. 의아하게 여기는 이시다를 무시하고 그는 사장 자리 앞의 의자에 앉아 말없이 담배를 피워 물었다. 이윽고 인기척을 느낀 핫토리 사장이 얼굴을 내밀었다. '아, 도요다 씨네. 오늘은 무슨 일인가?' 도요다라고 불린 사나이는 핫토리 사장의 물음에도 아랑곳 않고 무표정하게 담배연기를 내뿜었다. 시간이 조금 지나자 생각난 듯이 '아, 오늘은 좀 커. 25만 엔 주지 않겠나?'라고 말했다. 목소리는 변함없이 퉁명스러웠다. 핫토리는 별로 놀라는 표정 없이 '뭐? 25만 엔. 이번에는 무엇을 만들려고 하나? 흠, 현금은 안 되고 어음이라면 써주지.' 어음에 도장을 찍은 핫토리는 도요다에게 내밀었고 도요다는 아무 말 없이 허리춤의 보따리를 풀어 어음을 집어넣었다."

이 사람이 도요타그룹의 창업자이자 발명왕 도요다 사키치다.

도요다 사키치는 많은 방직기기를 발명하여 일본의 방직산업발전에 공헌하였다. 그는 메이지 44년 (1911년) 도요타자동직포공장을 설립, 자동방직기의 개발에 착수한다.

도요다 사키치는 핫토리의 지원을 받고 있었다. 핫토리상점에서 도요다 사키치와 이시다 다이조가 만났으며 도요다 사키치의 첫인상은 매우 강렬했다. 이시다는 틈만 나면 이 만남에 대해 이야기했다.

이시다가 핫토리상점에 입사하고 3개월 정도 지났을 때, 상하이 (上海) 부임을 지시받았다. 이시다를 관찰하던 핫토리의 발탁이었다. 제1차 세계대전이 한창이던 시절, 일본은 호황이었고 핫토리는 적극적으로 사업을 펼쳤다.

이시다는 2개월의 준비 기간을 달라고 한 뒤 맹렬히 공부했다. 매일 가게와 창고를 오가며 제품을 눈에 익혔다. 지방 공장까지 가

리더 스타일 참모 스타일

서 생산 공정을 눈으로 보고 배웠다. 그 후 상하이에서 2년 만에 놀라울 정도의 실적을 올렸다. 상하이에 있을 때의 성공 요인을 이시다는 이렇게 말했다.

"장사는 결국 '사고파는 것'이야. 무리를 하지 않고 서로의 호흡을 맞추는 일이 세일즈지. 그때는 물건이 없어 못 파는 상황이어서 상술도 부렸지. 물건이 있어도 없는 체하며 도매상을 안달 나게 해 할 수 있는 데까지 가격을 올리지. 다만, 어느 정도 올려야 하는지가 문제야. 이런 '제기랄' 하며 분노를 품게 하면 안 돼. 나는 요령 있게 했지. 의외로 오래했어."

이시다는 상하이 4년, 홍콩 2년의 주재를 끝내고 귀국했다.

도요다 사키치와의 만남

이시다는 핫토리에게 큰 영향을 받았다. 핫토리는 뛰어난 장사 꾼일 뿐 아니라 야망이 크고 도량이 넓은 사람이었다. 이시다가 후일 도요타에서 자동차사업을 맡았을 때도 핫토리에게서 받은 영향이 힘이 돼주었다. 메이지 시대에는 밑바닥에서 시작해 성공을 이룬 사람이 많았다. 학력에 관계없이 성공을 꿈꾸는 사람들은 국가와 사회를 생각했고 노블레스 오블리주를 실천하려 했다.

핫토리상점에서 세상을 보는 안목을 키우고 장사를 배웠지만 핫토리 사장은 51세에 자살해버린다. 그때는 도산하는 회사가 많았고 핫토리는 책임감이 강한 사람이었다. 유서에는 이렇게 적혀 있었다.

'나는 어떻게 되어도 좋다. 회사 돈은 내 가족에게 한 푼도 줄 필요가 없다. 하지만, 내 명의의 생명보험이 있다. 이 돈이 나오면 반은 가족에게 주었으면 한다. 보험금의 잔액은 물론 주식을 포함한 모든 재산을 회사에 헌납한다. 핫토리는 힘이 모자라 지금 쓰러지지만 적어도 개죽음은 아니었으면 한다. 사원 여러분의 손으로 회사를 훌륭하게 재건해주었으면 좋겠다. 그것이 이루어지는 날까지 핫토리는 귀천(歸天)하지 않는다고 생각하고 열심히 해주었으면 한다.'

핫토리는 강했다. "너무 강했기 때문에 자살했다"라고 이시다는 말했다.

이시다가 도요타방직에 들어간 때는 1927년이다. 핫토리상점을 정리한 직후의 일이다. 이시다는 독립해 의류사업을 준비하지만, 고다마 이치조의 충고를 받아들여 도요타방직에 들어간다.

이시다가 핫토리상점 상해지점에 있을 때, 비슷한 시기에 상해에 진출한 도요다 사키치와 친했다. 도요다 사키치는 천재이며 도파민 과다증후군인 발명광이다. 그의 특징은 극단적인 단순함이었다. 도요다 사키치는 이시다에게 "나는 기술자여서 좋은 기계를 만든다. 너희 장사꾼은 돈을 벌어라. 이러쿵저러쿵 말하는 것이 제일 싫다. 이시다! 장사꾼이면 돈을 벌어줘!"라고 요점만 말했다.

'천재' 도요다 사키치와 '장사꾼' 이시다 다이조의 만남은 혼다 소이치로와 후지사와 다케오의 만남과 똑같이 발명가

1965년 도요타자동차의 이시다 다이조 회장(가운데)이 마쓰시타전자공업을 방문하였다.

와 현실주의자의 만남이다. 이러한 콤비는 서로 모자란 부분을 보완해 엄청난 시너지 효과를 낸다. '우리 사장은 조금 이상하게 보이지만 위대한 사람이다. 내가 힘을 보태지 않으면 아무것도 안 된다'라고 생각하는 2인자를 가진 1인자는 행운이다. 그 대신, 2인자를 신뢰하고 많은 권한을 맡겨야 한다. 도요다 사키치의 훌륭한 면은 자신이 장사에 소질이 없다고 판단하고 판매에 일절 참견하지 않았다는 것이다.

도요다 사키치는 "이시다, 너는 장사꾼이니까 돈을 벌어줘. 나는 기술로 나라에 충성할 테니 너희 장사꾼들은 일 엔이라도 더 돈을 벌어줘. 우리 같은 개발자가 마음대로 발명에 몰두할 수 있게 해줘"라는 말만 하고 필요 없는 말은 일절 하지 않았다. 단순명료 그 자체였다. 자신을 정확히 파악하고 자질구레한 부분은 아예 보지 않았다. 이러한 사고가 도요타방직의 발전에 상당한 도움이 되었다.

이시다에 따르면 평상시 도요다 사키치는 대하기 어려웠다고 한다. "안녕하세요"라고 애정을 담아 인사하면 도요다 사키치는 "흠"이라고 모른 척하고 큰 의자에 깊숙이 몸을 묻고는 듣는지 마는지 그저 눈을 감고 담배만 피웠다. 방해한 것이 아닌가 하여 돌아가려 하면 눈을 치켜뜨고 더 있으라는 무언의 신호를 보냈다. 안건을 하나 매듭지으면 여느 때와 같이 "장사꾼이라면 돈을 벌어. 그리고 나를 편안히 해줘!"라고 말했다. 이러한 도요다 사키치와 일하는 사이에 이시다는 자신도 모르게 '진정으로 이 사람을 돕지 않으면 안 되겠다'라고 생각하게 되었다.

이 시기, 도요타의 넘버 2는 도요다 리자부로였다. 리자부로는 사키치의 사위 양자(처가로 들어가서 성을 바꾸고 그 집안의 아들이 되는 것_옮긴이)였다. 지배인으로 도요다 가(家)의 전체 사업을 관리했다. 리자부로는 고다마 이치조의 친형이었고 이시다와는 젊은 시절부터 교류가 있었다.

어느 날 리자부로가 이시다에게 인도로 가라는 지시를 내렸다. 제1차 세계대전 후의 불황기였고 창고에 수출품 재고가 산같이 쌓여 있었다. "저것을 처리할 능력을 갖춘 사람은 이시다밖에 없어"라고 리자부로는 말했다. 당시 인도는 가장 유망한 시장이었다. 이시다가 인도의 더위를 핑계 삼아 거절하려 하자 리자부로는 "긴 말 늘어놓지 말고 빨리 출발해!"라고 잘라 말했다. 이시다는 어쩔 수 없이 도요타방직의 콜카타(Kolkata) 주재원이 되었다. 그의 나이

리더 스타일 참모 스타일

47세 때의 일이다.

이시다는 인도에서 도요타방직의 연간 매출에 버금가는 실적을 반년 만에 거두었지만 익숙하지 않은 기후와 풍토, 연일 계속되는 지방 거래처 방문에 피로가 누적되어 쓰러지고 말았다. 누워 있는 이시다에게 도요다 사키치의 사망 전보가 도착했다.

이시다가 귀국하고 나서 도요타그룹의 실권은 완전히 도요다 리자부로가 쥐었다. 도요다 리자부로와 이시다는 젊은 시절부터 알고 지냈지만, 성격이 달라 잘 맞지 않았다. 도요다 리자부로는 자신이 넘쳤고 조급했으며 자부심도 강했다. 전형적인 독불장군 타입이었다. 하지만, 이시다는 주변 사람들과 달리 리자부로에게 대놓고 말하는 성격이었다. 그때, 이시다의 일은 본사 사무주임과 감사였다. 세일즈 현장의 일이 아니었다. 이시다는 "영업일을 하고 싶다"라고 리자부로에게 말했지만, 리자부로는 "당분간은 좀 쉬면서 일해"라고 거절했다. 그 후 이시다는 기회가 생겨 영업 책임자로 일했지만, 큰 적자를 내고 1년간 급여와 보너스가 삭감되었다. 그러나 다시 6개월 만에 그 전의 적자를 메우고도 남는 흑자를 내고 급여와 보너스의 원상복귀를 요구했다. 이시다 다이조는 할 말은 하고 포기할 것은 포기하는 성격이었다.

감사로는 젊은 나이인 47세의 이시다는 회사 내를 온종일 돌아다녔다. 당시 감사는 한직이었다. 이시다는 감사는 회사의 회계 전반을 조사하는 역할이라고 생각하고 회사 업무 전체를 파악하기 위해 현장에서 일상 업무를 체크했다. 영업 부문, 생산 부문까지 철저하게 조사했다. 직원들이 질릴 정도였지만 이 경험은 후일 매우 유용한 자산이 되었다.

도요타자동차의 발족

이시다가 진짜 실력을 발휘한 때는 도요타자동차에 들어가고부터다. 도요다 사키치의 장남인 도요다 기이치로는 일찍부터 자동차사업 진출을 주장했다. 이시다보다 다섯 살 아래인 기이치로는 도쿄 대학 공학부를 졸업한 기술자다. 같은 기술자였던 사키치는 살아 있을 때 전격적으로 아들의 구상을 믿었다. 사키치가 죽은 뒤, 기이치로는 매형인 리자부로와 간부들의 걱정을 뒤로하고 1933년, 도요타자동직기제작소 내에 '자동차부'를 발족했다.

기이치로는 전형적인 기술자 타입으로 말이 없었지만 진보적이고 독창적이었다. 전형적인 분열기질이다. 기이치로는 당시 자동차사업에 신중한 자세를 보인 이시다에게 "당신의 진심을 듣고 싶다"라고 의논해왔다. 이시다는 "이대로 무리하게 밀어붙이면 선대가 이루어놓은 재산을 모두 잃게 될지도 모른다. 실무 책임자로서 당분간 은인자중했으면 좋겠다"라고 답했다. 기이치로는 "이시다 씨, '오늘은 얼마 벌었다. 내일은 얼마 벌 거야'라는 하찮은 주

판질에 일희일비하는 당신은
알 턱이 없어. 두고 보라고. 언
젠가 자동차사업을 잘했다고
생각하는 때가 반드시 올 거야.
차를 생산하면 1호 차를 당신
에게 주지. 운전을 배워두는 게
좋을 거야."

도요다 기이치로는 자동직기
공장에서 연구에 빠져들었다.
자동차 오타쿠였던 셈이다. 매
형인 리자부로와 갈등도 있었
지만, 기이치로는 도요타자동

도요다 사키치의 장남인 도요다 기이치로. 기술
자 타입으로 말이 없었지만 진보적이고 독창적이
었다. 1933년 자동차부를 만들어 자동차생산에
첫발을 내딛었고 1937년 도요타자동차공업(주)
을 독립시켰다.

차공업을 만든다. 기이치로는 아버지인 사키치의 피를 이어받아
분열기질에 도파민 과다형 인간이었다. 1937년, 그는 도요타자동
차공업주식회사를 창립하고 성대한 파티를 열었다. 그즈음에 와
서야 리자부로는 자동차사업을 처음으로 찬성한다.

자동차 생산은 국가의 요청도 있었다. 월 2천 대 생산 가능한 라
인은 당시로는 획기적이었지만, 생산한 차는 군용 트럭이 전부였
고 정부가 보조금을 주었다. 기이치로가 목표로 한 것은 대중용 승
용차였다.

이 시기에 이시다 다이조는 혼다 소이치로를 만난다. 이시다는

"나는 지금까지 두려운 사람을 두 명 보았다. 터무니없다고 할까. 우리 같은 평범한 사람의 머리로는 생각하지도 못하는 천재 연구가다. 나같이 기술을 모르는 사람에게는 더욱 잊히지 않는다"라고 자주 말했다. 그가 말한 두 사람은 도요다 사키치와 혼다 소이치로다. 당시 혼다 소이치로는 도카이정기(東海精機)라는 회사를 세워 자동차 엔진 부품인 피스톤링을 만들고 있었다. 도요타와 거래가 있었고 협력공장 중 품질이 매우 좋은 부품을 생산하는 업체였다. 1939년부터 1946년까지 이시다는 혼다 소이치로와 관계를 이어갔다.

이시다는 "혼다 소이치로 씨에게 감동했어"라고 감탄했다. 혼다 소이치로는 이익을 생각하지 않고 계속 새로운 제품을 만들어냈다. "이제 그만 하라"고 말려도 입으로만 "알았어, 알았어"라고 말하며 새로운 도전을 시도했다. 그 부분은 창업자인 도요다 사키치와 판박이였다. "나는 인내심이 없어 도요다 사키치 사장과 같이 일했던 경험이 없었더라면, 5, 6년 동안 혼다 소이치로 씨와 같이 일하지 못했을 것이다"라고 이시다는 말했다.

혼다 소이치로는 계속 증가하는 도요타자동차의 수요에 맞추려고 설비투자를 꾸준히 늘렸다. 필요한 자금을 상의하러 번번이 이시다를 방문했다. 혼다의 자금 조달을 위해 이시다는 혼다 소이치로와 함께 은행에 가서 지점장과 면담했다. 이시다는 도요타자동차가 군대와 정부에 납품하는 내용을 지점장에게 열심히 설명하고 융자받는 데 성공한다. "이시다 씨는 날카로워. 어디에서 그런 지혜가 샘솟는지 놀란 적이 한두 번이 아니야"라고 천재 혼다 소이치로는 경탄했다. 이시다는 하고 싶은 말은 하는 성격이었으며 말에 조리가 있었다. 이시다의 성격이 잘 드러난 일화다.

2인자가 1인자가 되다

제2차 세계대전이 1945년 8월에 끝났다. 이는 도요타자동직기와 도요타자동차에게 큰 전환점이었다. 이시다는 전쟁이 끝난 순간 도요타자동직기의 종업원 전원을 불러 모았다. "회사는 당분간 문을 닫습니다. 그만두거나 남는 것은 여러분의 자유입니다. 그만두는 사람들에게는 얼마간의 돈을 주겠습니다. 하지만 고생을 감수하고 남는 사람들은 나와 함께 죽 먹을 각오를 해야 합니다"라고 말하자, 단 하루 만에 7천 명의 종업원이 1천 6백 명으로 줄었다. 창고에 있는 기계를 수리하고 정비해 사용할 수 있게 만들었다. 이시다는 감사 시절 회사를 구석구석 파악한 경험을 바탕으로 생산에서 판매까지 모든 부분을 관리했다. 수출과 세일즈는 자신 있는 분야였다. 일본은 아직 부흥 단계여서 수출에 눈을 돌렸다. 재빠른 대응으로 회사는 빨리 정상을 되찾았다. 정부의 재벌 해체 정책으로 이시다는 도요타자동방직의 사장이 되었다.

한편, 도요타자동차공업은 군수산업으로 급성장했기 때문에 후유증이 컸다. 도요다 리자부로는 회장, 도요다 기이치로가 사장이었다. 가족주의였던 도요타자동차의 전통을 지키려 했지만, 전후의 상황은 그것을 용납하지 않았다. 더욱이 분쟁과 파업이 일어나 도요타자동차는 위기에 빠졌다. 당시 『자동차 절망공장』이라는 책이 나올 정도로 상황은 악화일로였다.

1950년, 결국 이시다 다이조가 도요타자동차공업의 사장에 취임했다. 사장 취임 인사말에서 이시다는 이렇게 말했다.

"도요다 사장이 퇴임하고 제가 취임한 것은 일시적으로 어려워진 경영부진의 책임을 지고 도요다 사장이 깨끗하게 퇴임했기 때문입니다. 지금은 어렵지만, 도요다 사장의 업적은 영원히 남을 것입니다. 저는 분골쇄신하여 회사의 재건에 힘을 다하고 다행히 회사가 정상 궤도에 오르면 도요다 사장을 다시 사장으로 추대하겠습니다."

2인자가 1인자가 되었지만, 생각은 변함이 없었다. 이시다의 생각은 "잠시 맡는 것"이었다. 위기를 넘기기 위해 현실주의자를 핀치 히터로 기용했다고 생각했다.

이시다가 도요타자농차 사장에 취임했을 때, 하루 1억 엔을 웃도는 큰 적자로 위기였지만, 운이 좋았다. 한국전쟁이 발발한 것이다. 한국전쟁으로 특수를 맞아 미군에서 트럭과 지프의 주문이 밀려들었다.

이시다는 지시를 내렸다. "무조건 증산 태세에 돌입하라. 단, 직원은 늘리지 마라. 매일 잔업이 많아 야근해도 지금 같은 시기에는 종업원 모두가 돈을 많이 버는 편이 좋다"라고 말하고 직원을 늘리지 않았다. 인력 확충 비용으로 기계를 사들였다. 이러한 전략을 쇼와 30년대(1955년~)의 고도성장기까지 계속 유지했다.

그 후, 이시다는 도요타 방식(Toyota Production System : TPS)으로 널리 알려진, 극히 합리적인 경영방식을 채택한다. 이시다는 "나는 태어날 때부터 구두쇠고 욕심이 많다. 쓸데없는 돈은 1엔도 쓰지 않는다"라고 공언했다. 세계의 도요타라고 불릴 때까지 그는 이 기조를 유지했다

하지만 이시다는 인정도 많았다. 이시다의 실상을 아는 사람들은 한결같이 "저렇게 인정 많은 사람은 없다"라고 말한다. 이시다의 손자는 "제2차 세계대전 후, 거의 매일 밤 사람들이 할아버지에게 쌀과 돈을 빌리러 왔지만 한 번도 거절하신 적이 없었다. 그것을 돌려받았다는 이야기도 듣지 못했다"라고 말했다. 어린 마음에 왜 그러는지 물어보면 할아버지는 엄격하게 "모두 어렵기 때문에 빌리러 온다. 얼마 되지 않는 돈과 쌀을 되돌려 받겠다는 생각이 있었다면 애당초 빌려주지 않아야 한다"라고 말했다는 것이다.

이시다는 후계자로 도요다 사키치 창업자의 조카인 도요다 에이지(豊田英二)를 키운다. 한국전쟁이 한창일 때, 도요다 에이지를 미국에 보내 포드자동차 공장에 입사시켜 선진 자동차 기술을 배우

게 했다.

한국전쟁을 계기로 도요타는 미국에 트럭과 지프를 많이 팔아 위기를 극복하고 재건에 성공했다.

이시다는 사키치의 사훈 '도요타 강령'을 지키고 실행했다. 이시다는 사키치의 정신을 계승, 발전시켰고 직원과 면담할 때도 반드시 사키치의 방에서 했다.

도요타 강령은 '1) 상하가 일치단결하고 지성으로 업무를 하여 산업보국을 이룬다. 2) 연구와 창조를 항상 마음에 품고 미래를 내다본다. 3) 겉치레를 경계하고 내실을 튼튼히 한다. 4) 온정과 우애의 정신으로 가족적인 회사를 만든다. 5) 신과 부처를 모시며 보은하고 감사하는 마음을 가진다'이다.

이시다는 사키치, 리자부로, 기이치로에게 순종만 하지는 않았다. 상황에 따라 반대도 했지만, 자신은 실무 책임자라는 것을 잊지 않았다. 한때, 도요타자동차의 사장이었다고 창업자 가문을 몰아낼 생각은 전혀 하지 않았다. 그는 마지막까지 2인자이자 실무 책임자라는 생각을 잊지 않았다.

제2차 세계대전 후의 노동쟁의와 재벌 해체의 와중에 도요타는 살아남았고 도요타 방식이라 불리는 생산 방법과 철저한 합리화로 세계 초일류우량기업이 되었다. 이는 이시다라는 존재가 없었다면 불가능한 일이었다.

이시다는 상점 책임자라는 의식이 있었기에 도요타를 지키고 발

리더 스타일 참모 스타일

전시킬 수 있었다. 그 의식이 지금의 도요타 체질을 만들었다. 쓸데없는 돈은 1엔도 쓰지 않았으며 작업이 늘어나도 종업원을 늘리지 않고 잔업으로 해결했다. 이시다의 사고방식은 점포 책임자가 가게를 책임진다는 의식에서 나온 것이다. 한 사람의 사원도 해고하지 않고 헤세이(平成, 1989년~) 불황을 이겨낸 유일한 기업이 도요타다.

　도요다 사키치가 일찍 죽어, 이시다는 도요다 기이치로를 소중히 여겼다. 이시다는 사키치의 참모였지만, 기이치로에게는 참모라기보다 조금 어려운 고문 같은 존재였다. 도요다 사키치와 도요다 기이치로는 도파민 과다형으로 분열기질이었고, 이시다는 현실주의자였다. 이러한 조합은 1인자와 2인자의 가장 이상적인 타입이다.

　발명가는 분열기질이 많지만, 현실주의자는 순환기질이 많다. 순환기질의 특징은 동조성(同調性) 성격으로 자신을 상황에 맞추어 가는 사람이다. 이시다는 순환기질 중에서도 조성을 띠는 순환기질이다. 활달하고 들떠 있는 성격을 말한다. 이러한 사람은 남들과 가끔 충돌하지만 실수가 적다. 인정이 많은 것도 순환기질의 특징이다.

3장

권력의 2인자

후배의 모델이 된 배려의 정치가
이케다 하야토와 오히라 마사요시

이케다 하야토
(池田勇人, 1899~1965)

일본 총리를 지낸 정치가로 히로시마현 도요다(豊田)군현, 다케하라(竹原) 시 양조장 집 차남으로 태어났다. 당시 양조장 주인은 지역 유지였기 때문에 양조장 집 출신은 정계 진출을 꾀하곤 했다.

고등학교 입학시험을 치르러 간 나고야의 하숙집에서 우연히 사토 에이사쿠(1964~1972년 총리 역임)를 만난다. 시험이 끝나고, 두 사람은 친구 3명과 함께 술을 마시고 소란을 피웠다는 일화가 전해진다.

이케다 하야토는 교토 대학 법학부를 졸업하고 대장성에 들어가 제2차 세계대전이 끝나자 대장성차관을 거쳐 정계에 입문하였고 요시다 시게루의 오른팔로 두각을 나타내며 요시다 내각의 경제, 안전보장정책에 깊이 관여하였다. 사토 에이사쿠와 더불어 '요시다 학교'의 대표주자로 1949년 중의원에 처음 당선되고 1960년 수상에 취임하였다.

수상 재임 시 소득증대계획을 세워 일본의 경제 성장에 크게 이바지하여 일본을 GNP(국민총생산) 세계 2위로 끌어올렸고 친미정책을 추진하였다. 재임 중 OECD(경제협력개발기구)에 가입하고 부분적 핵실험정지조약을 비준했다.

오히라 마사요시
(大平正芳, 1910~1980)

일본 총리를 지낸 정치가로 가가와(香川)현에서 8남매 중
3남으로 출생하였다. 오히라가 태어나고 얼마 지나지 않
아 형과 누나가 죽어 6남매가 되었다. 중류 정도의 집안
이었지만 가족이 많아 생활이 어려웠다. 오히라는 학창
시절 성격이 온화하고 조용한 학생이어서 정치가가 된 오
히라를 접한 고등학교 동창들이 많이 놀랐다고 한다.

도쿄 상과대학(현 히토쓰바시 대학)을 졸업한 뒤 1935년 고등
행정고시에 합격하였지만, 돈을 벌려고 일반기업에 취업
을 희망했다. 동향의 대장성차관에게 인사차 간 자리에
서 대장성으로 스카우트되어 관료생활을 시작했다. 이케
다 하야토 대장성장관의 비서관으로 정계에 입문한 뒤
1952년 중의원 의원에 당선되고 1960년 1차 이케다 내
각의 관방장관에 취임했다. 자민당 보수파 주류로 경제
성장정책을 추진하는 데 크게 기여했다.

1978년 11월 자민당 총재 선거에서 현직의 후쿠다 다케
오(福田赳夫)를 물리치고 총재에 피선, 총리에 취임하였다.
1980년 5월 야당인 사회당의 내각불신임안이 가결되자
의회를 해산하였다. 총선거를 며칠 앞두고 심장병으로
사망하였다.

한국과는 1962년 외무장관으로서 당시 중앙정보부장이
었던 김종필과 이른바 '김·오히라 메모'를 통해 한일국교
정상화의 최대 난제였던 대일청구권 문제를 합의한 인연
이 있다.

"오히라는 2인자로서 대단히 유능하고 식견을
갖추었다. 이케다는 오히라를 높이 평가하고
그의 직언을 수용했다. 자신의 결점을 알고
2인자를 인정하는 1인자와 '이 보스는
나라를 위해 꼭 필요한 사람이지만 결점이 많다.
내가 옆에서 잘 보좌해주어야 한다'라고
생각하는 2인자의 결합이 이상적이며
최고의 기량을 발휘한다.
이케다와 오히라는 이런 면에서 일본 정치사상
최강의 콤비였다."

리더 스타일 참모 스타일

이케다 하야토(池田勇人)가 총리에 취임한 때는 1차 안보투쟁 직후였다. 안보투쟁은 1960년 일본이 미국 주도의 냉전에 가담하는 미·일 상호방위조약 개정에 반대하여 일어난 시민 주도의 대규모 평화운동을 말한다.

당시 이케다 하야토는 기시 노부스케(岸信介)의 뒤를 이어 총리에 취임했다. 기시 노부스케는 아베 신조(安倍晋三) 총리의 외할아버지다. 기시 노부스케는 '일본은 미국과 협조해야만 한다'라는 신념을 갖고 경찰관 집무집행법을 제정하여 경찰력 강화를 시도했다. 하지만, 안보투쟁의 여파로 기시 내각은 무너지고 말았고 이케다 내각이 발족했다.

이케다 하야토는 순환기질이다. 쿠르트 슈나이더(Kurt Schneider)의 정신병리학에 따르면 순환기질은 심리적으로 기복이 심하고 외향적이다. 이케다는 저돌적인 타입이다. 조 상태에서 앞만 보

이케다 하야토. 그는 관방장관인 오히라 마사요시와 함께 55년 체제를 만들어 좌우익 대립 갈등을 종식시키고 철저한 경제 중심의 정책으로 일본을 선진국으로 한 단계 성숙시킨 지도자로 평가받고 있다.

고 달리는 타입이다. 이케다의 정책에는 대장성 관료의 가치관이 깔려 있다. 이케다는 자본의 원시적인 축적을 시도했다. 노동자와 농민의 희생을 바탕으로 경제 성장과 자본의 축적을 실현하려 했다. 그는 일본의 자본 축적을 최대 임무로 생각했다.

이케다는 대장성장관 재임 시 국회에서 자신의 가치관을 표명한 발언으로 유명하다.

"소득이 적은 사람은 보리밥을 먹고 소득이 많은 사람은 쌀밥을 먹는 것과 같이 경제 원칙에 따라야 한다는 것이 나의 생각입니다"라고 말했다. '소득에 맞춘'이라는 취지의 발언이 '가난한 사람은 보리밥을 먹어라'라고 왜곡되어 여론의 뭇매를 맞았다.

당시 자민당 내에는 기시파, 이시바시파, 보수연합이 있었고 좌우익을 통일한 사회당이 등장하여 중의원의 3분의 1을 점하고 있었다. 이케다는 자민당의 3개 세력 중 기시파의 지원으로 총리가 된다.

그때 '일본은 지금부터 어떤 길을 걸어야 하는가'라는 중대한 문제에 봉착했다. 제2차 세계대전 직후, 요시다 시게루(吉田茂) 내각은 미국과 적극적으로 협력하지만, 대장성장관이었던 이케다는 선봉에 나서지 않았다. 이케다는 경제 성장을 우선한다는 입장을 명확하게 했고 요시다 정권의 정책 비전을 계승하여 '국민 생활 향상을 목표로 매진해야 한다'라고 생각했다. 일반적으로 경제를 안정시키고 국민 생활을 향상한다는 명분을 내걸면, 좌익을 탄압하면서 자본을 축적하는 길을 택한다. 하지만, 이케다는 철저히 경제 중심의 정책을 폈다.

정부와 국회의 조정자로서의
관방장관의 모델을 만들다

사실 이케다가 지향하는 정책 모토는 '가난한 자는 보리밥을 먹어라'였다. 대장성 관료 출신으로 기시 정권을 물려받은 그로서는 매우 자연스러운 선택이었지만, 그대로 밀어붙이자니 정권 유지가 힘들었다. 이 정책을 무리하게 추진하면 상승세의 사회당과의 충돌을 피할 수 없고 자민당 내의 이시바시 후계 파벌과도 마찰을 빚게 된다. 이러한 문제를 무마하고 조율하려 자진해서 나선 인물이 오히라 마사요시(大平正芳)였다. 그는 총리에게 적당히 브레이크를 걸어 여당, 야당과 총리 사이에 마찰이 일어나지 않게 하는 역할을 맡았다. 정부의 정책을 국민에게 이해시키는 일이 관방장관의 임무였다. 역대 명관방장관 중에는 이런 타입이 많다. 최초의 모델이 바로 오히라 마사요시다.

이케다는 '관용과 인내'를 표방했다. 이는 오히라의 발상이다. 오히라는 야당인 사회당의 존재를 인정하고 심의권도 어느 정도 양보했다. 노련하게 야당의 비위를 맞추면서 심의를 진행해 대국회정치의 모델을 확립했다. '55년 체제'(자민당과 사회당을 2대 정당으로 하는 정치 체제. 1955년에 이 구도가 만들어졌다고 해서 55년 체제라고 한다_옮긴이)는 여당과 야당의 짬짜미라는 비판도 있었지만, 당시 안보투쟁 같은 첨예한 문제를 큰 충돌 없이 해결하려면 어쩔 수 없는 선택이었다. 두 사람에게는 '국민 생활 향상'이라는 공통 목표가 있었지만, 이 체제의 구축과 수행에는 오히라의 역할이 지대했다.

이케다와 오히라는 둘 다 순환기질이다. 두 사람 모두 저돌적인 순환기질인 경우, 충돌이 불가피하다. 하지만, 오히라는 전형적인 전울기질로 우울한 친화형이다. 꼼꼼하고 규범을 준수한다. 열심히 일하며 어떤 일이든지 확실히 매듭짓고 배려하는 타입이다. 우울한 친화형이지만 우울증은 아니다. 사회경제생산성본부의 정신건강 연구소 데이터를 조사해 분석한 결과에 따르면 전울기질과 우울증과의 현저한 상관관계는 없다. 다만, 전울기질인 사람들 중, 너무 성실하고 열심히 일한 끝에 중년에 들어서면서 허무감이 찾아와 우울증에 걸리는 사례가 많았다. 이런 유형의 우울증에 걸

리더 스타일 참모 스타일

린 중년의 샐러리맨을 진찰해보면, 대부분 성실하고 꼼꼼한 성격이다. 오히라는 정확히 이런 타입이다.

"아~, 우~"를 중간 중간에 넣는 독특한 말버릇을 보면 달변은 아니다. 하지만, 발언 내용이 명확해 연설 내용을 기자가 타이핑해서 읽어보면, 전달하려는 내용이 매우 명료하고 일관적이었다. 다케시타 노보루(竹下登) 전 총리가 "언어 명료, 의미 불명료"라고 말한 것과는 대조적이다. 오히라가 "아~, 우~"라는 말을 섞어가며 천천히 말하는 이유는 생각하면서 이야기하기 때문이다. 저돌적인 타입의 1인자가 말하고 싶은 것을 다 말해버리면 여기저기서 마찰이 일어난다. 이때 2인자가 끼어들지만, 1인자가 인정하는 2인자가 아니면 문제 해결이 어렵다.

오히라는 이케다가 대장성장관을 할 때부터 비서관을 했고 이케다의 후원으로 국회의원이 되었다. 이케다는 오히라가 비서관 시절 그의 수완을 높이 평가하고 조정 능력을 인정했다. 어떤 의미로는 1인자인 총리가 2인자인 관방장관*에게 의지하는 상황이었다. 오히라는 이케다에게 다양한 조언을 했고 이케다는 순순히 받아들였다. 특히 오히라는 입버릇처럼 "흥분하지 말고 화내지 마시라"고 주문했다.

●내각관방장관: 우리나라의 행정안전부장관과 대통령 실장을 합친 역할을 하는 장관. 정부 대변인, 국가기밀, 인사, 문서, 통계 등 총괄적 업무를 수행하는 내각관방의 장. 명실상부한 일본 정부 내각의 2인자_옮긴이.

이케다는 사회당을 염두에 두고 보수 정치를 펼쳐 55년 체제를 확립한다. 이케다의 '관용과 인내의 정치'는 소득 증대 정책을 시행할 수 있게 했다. 소득 증대 정책은 이케다의 생각이었지만, 관용과 인내의 정치는 이케다의 성격상 어려운 일이다. 오히라가 보좌했기 때문에 이케다의 관용과 인내 정치가 가능했다.

오히라가 권력자에게 알랑거리는 아첨꾼 타입의 관방장관이었다면 이케다 하야토를 명지도자로 만들지 못했을 것이다. 자기애가 너무 강한 사람은 좋은 2인자가 되지 못한다. 희생이 필요한 자리가 2인자다.

내일은 오늘보다 좋아진다

'소득 증대'와 '관용과 인내'라는 두 사람의 조합이 '일억총중류(一億總中流, 1억 인구 모두가 중류층에 속하는 사회)'라는 일본 사회를 만들었다. 쇼와 30년대(1955년~) 일본 사회는 모두가 "내일은 오늘보다 나아진다"라며 희망을 품고 살았다. 이러한 사회를 만든 장본인이 이 두 사람이나.

저돌적 타입의 이케다 총리가 '고도 경제 성장' '소득 증대'를 실현코자, 사회당과의 일전도 불사한다는 태도로 하고 싶은 대로 다 해버렸다면 지금의 일본은 없을 것이다. 만년 야당이라는 비판 속

리더 스타일 참모 스타일

에서도, 당시 사회당은 매우 중요한 역할을 했다. 현재 일본을 가능케 한 데는 사회당의 역할이 컸다. 당시 사회당이 의석의 3분의 1을 점하고 있었기 때문에 어떤 수를 써도 개헌은 불가능했다. "그게 가능할 것 같아?"라고 입버릇처럼 여당을 견제하여 사회당의 얼굴을 어느 정도 세워주는 정치 운영을 하게 만들었다.

오히라 마사요시. 쇼와 30년대(1955년~) 일본 사회의 분위기는 모두가 "내일은 오늘보다 나아진다"라며 희망을 품고 살았다. 이러한 사회를 만든 장본인이 이케다와 오히라였다. '오히라는 관방장관을 하기 위해 태어났다'라고 할 정도로 관방장관에 적합한 인물이었지만, 총리가 되고서는 일이 잘 풀리지 않았다.

오지랖이 넓어 작은 일까지 챙기고 배려하는 오히라 스타일이 여당과 야당 관계에 지대한 영향을 미쳤다. 후일 총리가 되는 사토 에이사쿠는 이케다와 전혀 다른 정치관을 가지고 있었지만 55년 체제를 따르지 않을 수 없었다. 사토 내각의 관방장관도 오히라의 정치 스타일을 따라 했다. 이것이 오늘날 일본 정치를 안정시킨 큰 요인이다. 그 후 안보투쟁의 반대 세력은 일부 과격파였고 55년 체제하의 일본은 경제적 번영을 구가한다.

화려한 조성기질의 총리와 수수한 전울기질의 관방장관은 성격적으로 가장 잘 맞고 이상적인 조합이다.

중국 덩샤오핑 국가주석과 오히라 총리.

'오히라는 관방장관을 하기 위해 태어났다'라고 할 정도로 관방장관에 적합한 인물이었지만, 총리가 되고서는 일이 잘 풀리지 않았다. 순환기질 중에서도 오히라 같은 전울기질은 스트레스를 받기 쉬운 특성이 있다. 오히라 같은 성격은 일반적으로 동조성 성격이라 한다. 이 성격은 주위 사람들과 맞추어 나가려는 경향이 강하다. 이러한 성격의 사람이 일본이나 독일 같은 관리사회에서 생활하면 전울기질이 되는 경향이 있다. 자신의 성격을 주위 사람들과 맞추어 사회에 적응하려는 것을 성격 방어라고 하는데 순환기질의 사람이 성격 방어를 하면 전울기질이 된다.

오히라가 관방장관을 그만둔 후, 다나카(田中) 내각, 미키(三木) 내각이 등장하고 총리가 된다. 오히라는 비둘기파다. 매파인 후쿠다 다케오(福田赳夫, 전 총리)와는 일정한 선을 긋고 같은 비둘기파인 다나카 가쿠에이 진영에 합류한다.

하지만, 다나카와 함께한다는 것은 록히드 사건의 피고인인 다나카를 옹호해야 하는 처지에 서야 한다는 것을 의미한다. 국민에

리더 스타일 참모 스타일

게 자신이 다나카 가쿠에이를 옹호하는 정치를 하는 이유를 설명해야 한다. 오히라에게 이것은 매우 고통스러웠다.

또한, 대장성 관료 출신으로 일본의 재정을 생각하지 않을 수 없어 그는 미래를 걱정했다. 당시 증가일로의 재정 적자를 해결하려면 매상세(買上稅, 거래세)를 도입할 수밖에 없었다. 매상세가 반드시 필요하다고 생각한 오히라는 우직하게 증세 정책을 내세워 국민을 설득하려다 선거에 참패한다. 지금도 일본은 소비세에 대한 국민의 반발이 매우 강하다.

오히라는 관방장관 때와 같이 이케다 하야토 총리가 국민에게 들이대지 않도록 완화하는 역할이 적임이었다. 총리가 된 오히라는 국민이 싫어하는 정책을 제시해야 했다. 더구나 록히드 사건으로 국민의 엄한 비판을 받는 다나카 가쿠에이도 옹호해야 했다. 꼼꼼하고 열심히 일하며 배려심이 깊은 오히라에게는 국민의 미움을 받는 역할을 수행해야 한다는 것이 매우 고통스러웠다.

오히라는 벼랑에 몰렸고 결국 자민당 내 반대파인 후쿠다 다케오의 기권으로 내각불신임안이 통과된다. 고이즈미 준이치로 같았다면 주저 없이 기권한 의원을 자민당에서 제거했을 것이다. 오히라는 내심 매우 화가 났지만 어떤 불만도 표출하지 않았다. 오히라는 미워하는 상대와 충동적으로 부딪히지 못하는 성격이다. 불만을 외부로 발산하지 못하면 내부 공격성이 강해진다. 공격성이 강해지면 부신피질에서 아드레날린이 많이 분비되고 혈액의 응고

1979년 도쿄 서미트에 참가한 각국 정상들. 왼쪽부터 카터 미 대통령, 오히라 마사요시 총리, 지스카르 데스탱 프랑스 대통령, 크라크 캐나다 수상, 슈미트 서독 수상, 줄리오 안드레오티 이탈리아 총리, 대처 영국 총리.

성이 강해진다. 이것은 인간이 포유류이기 때문에 갖게 되는 특수한 현상이다. 인간은 적이 공격해온다는 신호를 파악하고 스트레스를 느끼면 육체적인 싸움을 예상해 혈중 콜레스테롤과 당분의 농도를 높여 혈관을 딱딱하게 한다. 혈액을 뭉치기 쉽게 만들어 출혈에 대비하기 위해서다. 이러한 신체적 변화에서 발생하기 쉬운 병이 심부전증과 뇌출혈이다. 오히라는 스트레스에 예민했다. 스트레스가 신체 변화를 일으키기 쉬운 체질이다. 스트레스가 우울증으로 나타나는 타입이 아니라 심신증으로 나타나는 타입이다. 심신증은 마음의 갈등이 신체적 병변으로 나타나는 것을 뜻한다. 오히라는 자신도 모르는 사이에 스트레스가 건강을 좀먹고 있었고 결국 심근경색으로 사망했다.

심신증인 사람들은 자신의 감정을 말이나 태도로 나타내기 어려운 성격의 소유자들이다. 대인관계가 좋아 보이지만 일중독에 빠지기 쉽고 스트레스 발산이 힘들다. 이런 사람들은 고혈압이나 협심증 같은 심신병에 걸리기 쉽다.

리더 스타일 참모 스타일

자신이 원치 않는 일을 해야 하는 상황에 부닥친 데다 정말 미워하지만, 상대에게 대들지 못하는 상황이 겹치면서 오히라의 비극이 시작됐다.

오히라가 분열기질이었다면 후쿠다를 비난해, "당이 분열해도 좋아" "자민당이 해체되어도 좋아"라고 소리 지르며 광분했을 것이다. 하지만, 전울기질인 오히라는 목에 칼이 들어온다 해도 말할 수 없었다. 이러한 기질의 사람은 억울함을 가슴에 품게 되고 결국 스트레스가 쌓여 심근경색으로 쓰러지고 만다. 명참모 출신으로 주위의 기대를 한 몸에 받고 1인자가 된 오히라의 사망 원인은 주변 사람들과의 충돌이지만, 사실은 성격에 맞지 않는 역할이 가장 큰 요인이다.

오히라는 2인자로서 대단히 유능하고 식견을 갖추었다. 이케다는 오히라를 높이 평가하고 그의 직언을 수용했다. 자신의 결점을 알고 2인자를 인정하는 1인자와 '이 보스는 나라를 위해 꼭 필요한 사람이지만 결점이 많다. 내가 옆에서 잘 보좌해주어야 한다'라고 생각하는 2인자의 결합이 이상적이며 최고의 기량을 발휘한다. 이케다와 오히라는 이런 면에서 일본 정치사상 최강의 콤비였다.

전후 일본을 지킨 냉철한 싱크탱크
나카소네 야스히로와 고토다 마사하루

나카소네 야스히로
(中曾根康弘, 1918~   )

군마(群馬)현 다카사키(高崎) 시 목재상의 차남으로 태어났다. 본집은 간토 유수의 목재상이었기 때문에 유복한 생활을 하였다. 시즈오카 고등학교를 거쳐 도쿄 대학 법학부 정치학과를 졸업한다. 대학 졸업 후 내무성, 해군장교를 거쳐 전후 내무성에 복직하였다.

나카소네는 1947년, 중의원에 처음 당선된다. 1956년에는 '헌법개정가(歌)'를 발표하는 등 개헌을 주장하여 청년 장교로 불렸다. 흰색 자전거에 일장기를 꼽고 선거운동을 하여 유명해졌고 정치 초년병 시절부터 총리가 목표라는 것을 공언하였다. 헌법개정이나 수상공선론을 주장하는 등 대담한 발언을 즐겼고 퍼포먼스를 좋아하였다.

나카소네는 다나카(田中)파의 지지를 얻어 압도적인 득표로 1982년 11월, 72대 총리가 된다. 나카소네는 강력한 행정개혁을 추진하고 전후 정치를 총결산한다. 1987년 11월 6일까지 5년간 집권하여 고이즈미(小泉) 내각에 이어 역대 4위의 장기 집권을 하였다. 종래의 조정형 정치를 타파하고 자문기관을 많이 만들어 강력한 파워를 휘둘러 '대통령형 총리'라고 불렸다.

총리 재임 시 일본 총리로서는 처음으로 한국을 방문해 한일 우호증진에 힘썼으나 일본 총리로는 최초로 야스쿠니 신사를 공식 참배해 강한 반발을 사기도 했다.

고토다 마사하루
(後藤田正晴, 1914~2005)

1914년 8월 9일 도쿠시마현 오에(麻植)군(현 요시노가와 시)에서 태어난 경찰관료 출신의 정치가. 아버지는 지방의회 의원으로 지역의 명사이자 유력자였다. 1938년 고등문관시험에 8등으로 합격하고 1939년 내무성에 입성한다. 제2차 세계대전 때에는 육군에 근무하였고 포로생활도 경험하였다. 그 후 내무성이 없어지자 경찰청으로 옮겨 경찰관료가 되었다. 고토다는 경찰의 요직을 두루 거치고 1969년 경찰청장관에 취임한다.

1972년 경찰청장관을 사임하고 다나카 내각의 관방장관에 취임한다. 1982년 11월 총리가 된 나카소네 야스히로의 관방장관이 되어 세상을 놀라게 하였다. 관방장관은 총리의 파벌에서 나오는 것이 보통이지만 고토다는 다나카파였다. 나카소네 내각에는 6명의 다나카파가 있어 '다나카소네 내각'이라고 조롱받기도 하였다.

고토다는 나카소네의 내무성 2년 선배였다. 하지만, 나카소네의 인재난과 주변의 권유로 나카소네 내각의 관방장관에 오르고 나카소네를 돕는다. 고토다는 소련의 대한항공기 추락 사건과 미하라 산 분화사건 등 굵직한 사건을 처리한 위기관리 경험을 살려 관방장관직을 잘 수행하였고 극우파였던 나카소네의 야스쿠니 신사 참배를 다시 못하게 막아 아시아 국가들의 항의를 잠재웠다.

"나카소네는 고토 도시오를 발탁해
행정 개혁을 추진하도록 했고 행정 실무는
고토다 마사하루를 임명해 맡겼다.
고토다는 나카소네 내각의 중요한 키맨이었다.
냉철하고 예리한 분석 능력과
현실적 대처 수완을 가진 고토다는
눈앞의 이익만을 보고 권력자에게 아첨하지
않았다. 자신의 일이 어느 정도 국익에 도움이
될까를 냉철하게 판단했다."

리더 스타일 참모 스타일

나카소네 야스히로(中曽根康弘) 전 총리와 이케다 하야토 전 총리는 활달하지만, 전혀 다른 유형의 정치가다. 나카소네는 자신감이 강하고 다른 사람보다 뛰어나다는 자부심이 지나친 사람이었다. 나카소네가 그렇게 된 데는 어머니의 영향이 컸다.

　나카소네는 평생 어머니의 하염없는 사랑을 받았다. 그의 어머니는 아들을 끔찍이 사랑했다기보다 아들의 팬이었다고 보는 게 정확할 것이다. 나카소네같이 자부심이 강한 사람의 어머니는 아들의 열광적인 팬인 경우가 많다. 어릴 때부터 "멋진 아들이다. 대단해!"라고 칭찬하면서 키워, 아들을 나르시시스트로 만든다. 유아기에 어머니의 전폭적인 사랑과 격려를 받은 기억이 남아 있어 어떠한 역경에도 좌절하지 않고 과감히 헤쳐 나가 강력한 자기 확신으로 무장한다.

　나카소네가 총리에 취임했을 때 그의 누나는 이렇게 말했다. "어

나카소네 야스히로. 그는 '나는 1인자다. 나는 1인자가 되어야만 한다'라는 절대적 자기 확신을 가지고 젊은 시절부터 정치가의 꿈을 가지고 노력하여 자신의 힘으로 마침내 총리의 자리에 올랐다.

머니는 나카소네가 어릴 때부터 '멋있어, 훌륭해'라고 과하게 칭찬해 다른 형제들이 주눅들 정도였다." 나카소네는 이 때문에 '자신은 특별한 인간이다'라는 자기 확신을 어린 시절부터 가질 수 있었다. 물론, 지방의 목재상 집 아들로 성적이 출중해 명문 일고를 거쳐 도쿄대학교, 내무성 관료라는 정통 코스를 밟아온 엘리트인 데다 해군장교로 참전한 경력도 한몫했다.

나카소네의 특징은 20대에 정치에 입문해 당시 가장 젊은 중의원이었고 다른 사람 밑에서 일해본 경험이 없다는 것이다. 다른 사람 밑에서 일해본 경험이 없는 중의원은 2세대 중의원에게는 가끔 보이지만 당시로는 드문 일이었다. 나카소네는 일본 정치에서 흔히 있는 세습 중의원이 아니다. 젊은 시절부터 정치가의 꿈을 가시고 노력하여 자신의 힘으로 중의원이라는 꿈을 이루었다. 헌법 개정의 필요성을 역설하며, 분주히 뛰는 나카소네를 모두들 "젊은 청년 장교"라고 비아냥거렸다.

리더 스타일 참모 스타일

헌법 개정과 수상 공선제(首相公選制, 수상을 국민이 직접선거로 뽑는 제도_옮긴이)는 나카소네 정치 인생을 지배하는 지론이었다. 나카소네는 수상 공선제가 실현되면 자신이 직접 입후보하려는 생각을 가졌었다. 나카소네는 자민당의 선배 정치인들과 타협하지 않고 빠르게 뻗어나갔고 마침내 총리의 자리에 올랐다. 이러한 경력과 행동을 보면, 나카소네는 '나는 1인자다. 나는 1인자가 되어야만 한다'라는 절대적 자기 확신이 있었다.

강력한 자기 확신의 소유자

자기비판을 하지 않고 자기반성을 하지 않는 것이 나르시시스트의 특징이다. 나카소네도 자기반성을 하거나 자학적인 이야기를 한 적이 없다. 이는 고이즈미 전 총리도 마찬가지다. 정치인과 일부 재벌 총수의 경우 자기비판이나 반성을 전혀 입에 담지 않는다. 자기애가 강한 사람은 스스로 자신을 지지한다. 자기애는 1인자 자질의 일부다. 물론, 자기반성을 일절 하지 않는 것이 1인자의 자격이라는 의미는 아니다.

미국에서는 정치가가 자학적인 조크를 날리는 센스는 리더십의 일부이며 필요하다고 생각한다. 빌 클린턴 전 대통령이 대통령 시절 일본을 방문했을 때, 일본의 총리는 오부치 게이조(小渕恵三)였다. 오부치가 총리로 선출됐을 때 "식은 피자"라는 야유 섞인 별명으로 불리며 3일밖에 못 갈 것이라는 악평이 줄을 이었으나 성실한 자세로 총리직을 수행해 인기를 끌었다.

일본을 방문한 클린턴 대통령에게 오부치 게이조 총리가 "내가 식은 피자인 오부치 게이조입니다"라고 말하자 클린턴은 "나는 방금 차가운 피자를 먹고 왔어요"라고 응수했다. 클린턴은 당시 백악관에서 바람피운 일로 공격을 당하고 있었고 부인인 힐러리 클린턴에게 혼난 것을 자조적으로 말한 것이다. 클린턴이 모리(森) 장관과 회담할 때 "나는 힐러리 클린턴의 남편입니다"라고 자기 소개를 했지만, 모리 장관은 이 조크를 이해하지 못했다. 외무 관료들이 만들어낸 짓궂은 이야기라는 설도 있지만, 이 이야기가 신빙성이 있을 정도로 클린턴은 자학이나 자조를 조크로 만들어 주위의 분위기를 부드럽게 만드는 재주가 있었다.

또한, 로널드 레이건이 대통령에 입후보했을 때, 노동조합에서 연설하면서 "여러분, 내가 로널드 레이건입니다. 예전에 공화당의 수뇌들과 노동조합을 탄압하고 조금 전, 크렘린에 원자폭탄 투하를 모의하다 왔습니다"라고 말해 청중을 폭소케 하고 반감을 누그러뜨렸다. 존 힝클리라는 통합실조증 환자의 서격을 맏고 워싱턴 시내의 병원으로 옮겨졌을 때 레이건의 상태를 보러 온 마취의에게는 "당신 민주당원 아니죠?"라고 농담을 했다. 이러한 자학적이고 위험한 조크 센스를 미국에서는 중요시한다.

나카소네와 고이즈미는 자학적인 농담은 일절 입에 담지 않았다. 그들도 조크는 했지만, 자신에게 부정적인 농담은 일절 하지 않았다. 항상 자기 긍정의 말만 하는 인물이었으며 강력한 리더십을 발휘했다. 미국과 일본은 리더십을 펼치는 방법이 조금 다르다.

나까소네 총리는 로널드 레이건 미국 대통령과의 친밀한 관계로 일명 론＋야스라 불렸다. 나카소네는 "일본은 침몰하지 않은 항공모함이 되어야 한다"라며 미·일 안보 체제를 강화하고 일본의 방위력을 증강해야 한다고 주장했다.

　나카소네가 총리에 취임하고 행정 개혁에 리더십을 발휘했다. 행정 개혁은 국민의 막대한 희생을 요구한다. 특히 복지 예산을 삭감하는 개혁은 서민의 강력한 반발을 받는 정책이다. 나카소네는 일본의 재정을 건전화하고 파탄을 막으려면 행정 개혁이 반드시 필요하다는 신념이 있었다. 이 개혁을 실행하려 도코 도시오(土光敏夫, 실업가, 전 경단련 회장)를 행정위원장에 임명한다. 도코 도시오는 엄청난 부자지만, '메자시(目刺し, 싸구려 생선)의 도코 씨'로 불릴 정도로 지독하게 검약하고 청빈한 생활을 한 사람이다. 나카소네는 도코를 내세워 국민을 이해시키고 행정 개혁을 성공으로 이끈다.

나카소네는 "일본은 불침항모(不沈航母, 일본 열도를 침몰하지 않는 항공모함같이 무장하여 미·일의 방위력을 증강한다는 의미_옮긴이)가 되어야 한다"라며 미·일 안보 체제를 강화하고 일본의 방위력을 증강해야 한다고 주장했다. 나카소네는 '강한 일본'을 실현하고 일본의 존재를 강하게 어필하고자 하는 전

고토다 마사하루는 나카소네 내각의 중요한 키맨이었다. 그러나 경찰청 장관 출신으로 '면도칼 고토다'라는 별명에서 알 수 있듯이 관료로서 매우 영민하고 세밀한 부분까지 하나하나 체크하여 분석하는 능력은 정확하고 날카로웠다.

후 최초의 총리였다. 사회당의 정치적 기반인 노동조합의 힘을 약화시키고 55년 체제에서 탈피해 국철을 민영화하려 했다.

그때까지 일본은 모성(母性) 정치였다. 오히라 마사요시와 55년 체제를 만든 이케다 하야토 총리와 다나카 가쿠에이 총리도 대표적인 모성 정치가다. 이케다는 만년에 "나는 국민이 응석 부리는 정치를 했다"라고 술회했다. 사실, 국민을 부드럽게 감싸는 이미지가 자민당 정치의 기조였다. 나카소네는 연약한 모성 정치에서 탈피해 강한 부성(父性) 정치를 도모했다.

고이즈미 개혁은 나카소네 정치 스타일의 영향을 강하게 받았다. 어머니는 아이를 감싸 지키지만, 아버지는 아이를 엄격하게

리더 스타일 참모 스타일

다룬다. 이것이 모성과 부성의 차이다. 제2차 세계대전 후 일본은 스스로 "아버지 없는 사회"라고 불렀다. 가정에서 아버지의 권위가 떨어져서라기보다 기업 같은 조직에서 아버지 같은 강한 리더의 존재가 사라져 모성적 사회가 되었다고 여겼다. 다시 한 번 부성 원리를 도입하고자 한 인물들이 나카소네와 고이즈미였다.

총리에게 거북하기 그지없는 관방장관

나카소네가 행정 개혁에 돌입했지만, 그의 정치적 이력에는 경제 관료를 맡은 경험이 없었다. 관료로도 일 년밖에 일하지 않았고 민간 기업의 실무 경험도 전혀 없었다. 이 부분은 고이즈미와 같았다. 두 사람 모두 실무 능력은 그다지 없었다. 이 점을 주위에서 지적했지만, 1인자로서 자신의 정치적 목표를 이루기 위해 주위의 지적 따위는 무시했다.

두 사람은 이런 점에서 정치가로서의 강점이 있었다. 목표를 실현하는 데 필요한 인재, 즉 경제통에 행정 실무 능력을 갖춘 사람을 데리고 오면 문제 될 게 없다는 생각이었다. 나카소네는 고토 도시오를 발탁해 행정 개혁을 추진하도록 했고 행정 실무는 고토다 마사하루(後藤田正晴)를 임명해 맡겼다. 고토다는 나카소네 내각의 중요한 키맨이었다. 나카소네 총리와 고토다 관방장관의 관계는 이케다와 오히라의 경우와 달랐다. 오히라는 이케다의 후배였고 비서였으며 이케다의 권유로 정계에 입문했지만, 고토다는 윗사람을 철저히 모시는 오히라 타입이 아니었다. 총리를 지원하고 의견을 내는 싱크탱크 같은 타입이었다. 나카소네 총리에게 고토다는 거북한 존재였다.

고토다는 경찰 관료 출신이다. 자서전에 따르면 제2차 세계대전 중, 도쿄 대학 법학과를 졸업하고, 고등문관시험에 합격한 뒤 군대에 소집되었다. 해군을 지원했지만, 육군으로 가게 되고 명문 도쿄대를 졸업했다는 이유로 회계관에 임명되었다. 전쟁이 끝나고는 내무관료로 일했다.

고토다는 자신만만한 사람이었고 나르시시스트 같은 면도 있었지만, 그의 능력은 상상을 초월했다. '면도칼 고토다'라는 별명에서 알 수 있듯이 관료로서 매우 영민하고 세밀한 부분까지 하나하나 체크하여 분석하는 능력은 정확하고 날카로웠다. 게다가 상사에게 빈말이나 아첨은 하지 않았고 솔직 담백했다. 관료 시절에는 상사도 고토다의 능력을 인정해 그의 의견을 따랐다. 고토다는 상사와 의견이 다르면 상사의 생각을 꿰뚫어보고 직언했고 최종적으로는 자신의 목적을 이루었다. 고토다를 깅골의 관료라고 하지만, 다나카 가쿠에이 총리 아래에서 관방장관을 역임할 때를 포함해 윗사람에게 무조건 영합하지 않고 전력을 기울여 자신의 생각을 관철하는 타입이었다. 다나카 내각에서 나카소네 내각으로 이

리더 스타일 참모 스타일

고토다 마사하루는 방위 문제, 외교 문제, 개헌 문제 등에 신중한 '비둘기파' 보수정치가였다. 평화
헌법 수호와 전쟁반대, 아시아외교 중시의 목소리를 내며 일본 정치권의 우경화를 견제하기도 했다.

동했을 때 "고토다가 나카소네의 발목을 잡지 않을까?"라는 우려
의 목소리도 있었지만, 한 차원 높은 수완을 발휘하여 나카소네와
적절한 조화를 이루었다.

　고토타가 경찰청 장관 시절, 당시 일본은 과격파의 테러 전성시
대로 아사마(浅間) 산장 사건 등 테러 사건이 빈발했다. 아사마 산
장 사건은 1972년 2월 19일 일본연합 적군파 5명이 인질을 잡고
나가노(長野)현 아사마 산 산장을 점거한 뒤 10일간(218시간)이나 경
찰과 대치해 일본 역사상 가장 오랜 시간 대치한 인질 사건으로
남았다. 결국 경찰의 강경진압으로 3명이 사망하고(기동대원 2명. 민
간인 1명), 27명이 부상당하는 가운데(기동대 26명, 보도관계자 1명), 인질

을 무사히 구출하고 적군파 5명을 전원 체포했다. 또한, 미하라(三原) 산이 분화했을 때 오시마(大)의 주민 1만 5천 명 전원을 무사히 피난시켰다. 이러한 일련의 사건에서 고토다의 실무 처리 능력은 빛을 발했다.

냉철하고 예리한 분석 능력과 현실적 대처 수완을 가진 고토다는 눈앞의 이익만을 보고 권력자에게 아첨하지 않았다. 자신의 일이 어느 정도 국익에 도움이 될까를 냉철하게 판단했다. 고토다는 이데올로기에 휘둘리지 않았다. 나카소네는 국가주의 이데올로기를 가졌지만 고토다는 추종하지 않았다. 그렇다고 좌익 이데올로기도 아니었다. 굳이 표현하자면 고토다는 현실적 국익주의자였다. 경험을 바탕으로 국익 최우선의 해결 방법을 이끌어냈고 자신의 신념을 바꾸지 않았다.

1인자보다 그가 속한 조직을 먼저 생각하는 2인자

고토다는 자신의 전쟁 경험을 통해 '전쟁은 나라를 불행하게 만든다. 결코 전쟁을 하면 안 된다'라는 확고한 신념을 갖게 되었으며, 관료로서 점령군과 접한 경험을 통해 미국에 대해 비판적이었다. 어떠한 사태에 직면해도 고토다는 '국익에 도움이 되지 않는 일은 하지 않는다'라는 판단 기준을 무너뜨리지 않았다. 이는 우익의 대표이자 매파인 미국의 리처드 닉슨 대통령이 베트남전쟁을 종결지으려 할 때 헨리 키신저 국무장관이 국제 정세를 정확히 파악하고 현실 외교를 추진한 것과 비슷하다. 비록 패배라는 형태였지만 미국의 국익과 명분을 세우며 전쟁을 종결지은 역할을 한 키신저와 닮은 것이다.

나카소네는 '강한 일본'을 실현하고 일본의 존재를 강하게 어필하고자 하는 전후 최초의 총리였다.

고토다는 나카소네 내각의 관방장관이었지만 나카소네의 정치철학인 헌법 개정에 동조하지 않았다. 1차 이라크전쟁 때, 미국이 일본에 소해정(掃海艇) 파견을 요청했지만, 고토다는 "소해정을 보내 미국의 무력 행사에 직접적으로 힘을 빌려주는 일이 있어서는 안 된다"라고 주장하며 파견을 저지했다.

사실 국철 개혁 등의 실무를 추진한 사람이 바로 고토다였고 치안 문제도 경찰 관료의 경험을 살려 나카소네보다 더 냉철하고 가차 없었다.

아사마 산장 사건이 어떻게 해결되었는지를 보면 고토다의 능력을 짐작할 수 있다. 범인을 한 명도 다치지 않게 확보하고 인질을 무사히 구출한다는 것이 고토다의 지상명제였다. 정신과 의사와 심리학자에게 자문해 인질이 심리적으로 버틸 수 있는 한계인 1주일을 기한으로 진압작전을 세웠다. 진압 후 범인의 신병은 확보했지만, 최고책임자였던 고토다가 끝내 범인 사살을 허락하지 않아, 경찰관 2명이 순직하고 민간인 희생자가 나왔으며 다수 부상자가 생겨 비판의 목소리가 높았다. 하지만, 고토다의 생각은 달랐다. 만약 범인을 사살했더라면 인질범들은 적군파의 영웅이 되고 사건 후, 추종 세력이 일으키는 적군파의 과격한 테러를 수습하기 어렵다고 판단했다. 범인들을 사살하지 않고 마무리 지었기 때문에 아사마 산장 사건 후 일본에서 폭력적 테러 행위가 수면 아래로 가라앉았다.

고토다의 판단 기준은 인간 생명을 존중하는 휴머니즘이 아니었다. 사건 후를 예상한 냉정하고 정확한 판단과 그에 따른 대처였다. 실제 단순 선박 납치 사건 때는 인질이 10여 명이고 범인은 1명이었지만 재빠르게 범인을 사살하고 인질을 전원 구출했다. 고토다는 상황에 따라 냉철하고 현실적인 판단을 했다. 사건 후 어떤 상황이 벌어질지를 정확히 예측하는 능력이 있었기 때문에 이러한 판단이 가능했다. 이데올로기나 분노에 사로잡혔더라면, 아사마 산장 사건 후, 경찰과 적군파의 대규모 총격전이 일본 여기저기서 벌어졌을 것이 틀림없다. 인명을 존중하여 사건을 해결하는 사람도 있지만, 고토다는 냉정하게 사태를 분석하고 미래를 예측하

리더 스타일 참모 스타일

여 행동했다.

고토다는 방위 문제, 외교 문제, 헌법 개정 문제 등에는 한결같이 비둘기파의 입장을 견지했다. 고토다는 구조 개혁이나 성과주의 경제 정책의 도입으로 발생하는 격차 증대를 긍정적으로 보지 않았다. 영국에서 대처 총리의 개혁이 추어올려졌을 때 이러한 문제점을 지적했다. 고이즈미 개혁에 대해서는 "20년 늦은 대처 개혁의 모방, 시대에 뒤떨어졌다"라고 비판했다.

고토다는 역사의 교훈을 이데올로기라는 형태로 받아들이지 않았다. 현실 바탕의 정치가였다. 고토다의 정치적 센스, 현실 감각은 과거 로마 제국 정치가들과 일맥상통하는 면이 있다. 고토다는 마키아벨리스트(Machiavellist, 국가의 유지, 발전을 위해서는 어떠한 수단이나 방법도 허용된다는 국가지상주의적 정치사상을 가진 사람_옮긴이)의 측면도 있었지만, 인간을 성악설로 이해하며 현실 감각을 유지했다.

고토다는 정계 은퇴 후에도 이라크전쟁과 자위대 국외 파병에 비판적이었다. 고토다의 정치 이념은 온건파나 휴머니즘에 바탕을 둔 것이 아니다. '한번 단추를 잘못 끼우면 2차 대전 같은 전쟁에 휘말릴지 모른다' '어떤 일이 벌어질지 모른다'는 생각이었다. 고토다는 이데올로기를 떠나 항상 국익을 생각하며 행동했다. 설득력과 중후함을 가진 고토다 같은 2인자는 나라를 위해서도 필요한 존재다.

나카소네와 같이 자기 확신이 강한 1인자는 걸핏하면 폭주할 위험이 있다. 유능하고 냉철한 참모가 옆에 있어야 어느 정도 제동을 걸 수 있다. 정치의 세계에서만이 아니고 기업에서도 냉철하게 업무를 분석해 사장에게 도움을 주는 참모의 역할이 중요하다. 1인자의 성격에 따라 다르지만, 1인자의 폭주를 적당히 제지하여 조직을 지킬 수 있는 능력은 좋은 참모의 조건이다.

고토다와 나카소네 두 사람 다 냉정한 부분이 있다. 냉정함은 분열기질의 두드러진 점이다. 분열기질은 어느 정도 떨어져서 생각하는 일이 가능하다. 고토다는 스트레스 따위에 약해지지 않았고 나카소네나 다나카 가쿠에이에게도 일정한 거리를 두었다. 그들에게 부화뇌동하지 않으며 빈틈없이 보좌했다.

고토다가 진정으로 모시는 대상은 인간 나카소네나 다나카가 아니라 그들이 대표로 있는 국가였다. 고토다는 자신이 살아남기 위해서 혹은 야망 때문에 1인자와 거리를 둔 것이 아니다. 고토다가 충성을 바친 궁극적 대상은 국가 그 자체였다.

리더 스타일 참모 스타일

4장

탁월한 2인자를 거느릴 수 있는
1인자의 조건

"기업체에서 유능한 참모를 끌어들이려면
'이 1인자와 함께 일하면 회사가 커지고
나도 큰다'라는 희망을 주어야 한다.
이러한 조직의 유능한 참모는 떠나지 않는다."

리더 스타일 참모 스타일

지금까지 동서고금의 1인자와 2인자, 즉 정치권과 기업, 조직에서 활약한 1인자와 2인자의 사례를 살펴보았다. 우리는 1인자와 2인자가 마지막까지 함께하기 어려운 예도 있다는 것을 알았다. 현대를 살아가는 우리는 여기서 교훈을 얻어야 한다.

그러면 1인자가 유능한 참모를 발탁하고 활용하려면 어떤 점에 유의해야 하는지 알아보자.

1인자가 갖추어야 할 조건

먼저, 이 책에서 거명한 천재들같이 자신이 우선 천재가 되어야한다. 혼다 소이치로, 마쓰시타 고노스케, 도요다 사키치는 천재적이고 개성이 강했다. 천재적이고 창조적이었지만 사교적인 면은 약했다. 선견지명이 있고 사물을 보는 눈이 보통 사람과 달랐다. 이러한 1인자의 참모는 자신이 모시는 1인자에 매료되어, 1인자가 품은 꿈을 실현하고자 자신의 현실적 능력을 최대한 살리려 노력한다. 만약 자신이 천재가 아니라고 생각하면, 자신의 창의력을 개발하려 최대한 노력해야 한다.

그러면, 천재도 아니고 창조적 재능도 없는 평범한 인물이 1인자가 되고 싶은 경우에는 어떻게 해야 할까? 이러한 사람들이 롤모델로 삼아야만 하는 인물은 유비 현덕과 도요토미 히데요시다. 이 두 사람은 보통 사람은 이해할 수 없을 정도의 큰 포용력과 폭넓은 인간관계를 맺은 사람들이다.

다나카 가쿠에이도 인간관계 능력의 범주에 들어간다. 과거 이시하라 신타로(石原慎太郎)는 다나카 가쿠에이에 대해 "다른 사람이 자신을 따르게 하는 포용력은 천재적이다"라고 평했다. 포용력으로 1인자가 되려면 '천재적인 친밀감'을 키워야 한다. 그렇게 해야만 능력 있는 참모를 자기 사람으로 만들 수 있다. 뛰어난 참모나 창의적인 참모를 잡으려면 사람 보는 눈을 길러야 한다.

1인자가 빠지기 쉬운 함정이 두 가지 있는데, 하나는 자신이 평범한 사람이라는 것을 자인하고 자신보다 빼어난 재능이 있는 인물에게 질투심을 갖지 않는 것이다. 자신의 열등감을 없애지 않으면 다른 사람이 가진 재능이나 장점이 보이지 않고 결점만 보인다. 능력 있는 참모를 분별할 수 없다. 특히 2세 경영자나 2세 정치인

리더 스타일 참모 스타일

이 자신의 열등감을 자극하지 않는 사람이나 추종자를 주변에 두는 일이 흔한데 이것이 실패의 전형적인 패턴이다.

평범한 1인자가 범하기 쉬운 또 하나의 문제는 신흥종교나 경제평론가, 컨설턴트의 카리스마에 편승하는 경우다. 카리스마가 강한 측근과 어울리면 진정한 참모는 쫓겨나고 만다. 자신의 한계를 인지하고 다른 사람의 장점을 발견하는 능력과 카리스마 있는 인물이나 추종자에게 끌려 다니지 않는 주관은 반드시 필요한 항목이다.

천재형의 1인자와 실무형 2인자의 조합이 많지만, 거꾸로 천재적인 엔지니어, 연구원, 기획자 같은 참모와 현실적인 1인자의 조합도 있다. 사장이 천재형의 참모에게 휘둘리는 때도 있지만, 성공한 케이스의 사장은 도량이 크고 천재형 참모를 적절히 활용해 재능을 꽃피우게 한다. 실무형 1인자는 이러한 안목과 유연함을 키워야 한다. 이 책에서 거명한 예로는 아키야마 사네유키가 천재형의 참모다. 당시 일본 해군은 '저 사람은 조금 이상해'라고 생각하면서도 아키야마의 재능을 인정하고 발휘하게 하는 안목이 있었다.

도요토미 히데요시에게도 천재형의 군사(軍師)가 있었다. 이 책에서는 별로 거명하지 않았지만, 다케나카 시게하루(竹中重治)와 구로다 요시타카(黑田孝高)다.

다케나카 시게하루는 미노(美濃, 현 기후현)의 다이묘, 사이토 도상

(斎藤道三)을 보좌했으나 손자인 사이토 다쓰오키(斎藤龍興)가 다케나카 집안을 터무니없이 대우하자 동생과 장인 등 17명이 공모해 하루 만에 기후 성을 빼앗아버린다. 다케나카 시게하루는 6개월 뒤 스스로 기후 성을 반납하고 은거했다. 다케나카 시게하루는 실로 무서운 사람이었지만, 히데요시는 다케나카를 선생님이라 모시며 십분 활용했다.

역시 천재형의 구로다 요시타카도 지략 타입의 참모다. 히데요시는 "마음만 먹으면 지금이라도 천하를 취할 수 있는 사람은 구로다 요시타카다"라고 말할 정도로 그를 두려워했다.

구로다 요시타카는 세키가하라 전투에서 도쿠가와 이에야스의 진영에 섰지만, 이에야스가 마음대로 주무를 수 있는 인물이 아니었다. 자신의 아들인 구로다 나가마사(黒田長政)가 도쿠가와 이에야스와 만나고 난 후, "도쿠가와 이에야스가 어떻게 대했느냐?"라고 물었다. 아들이 "이에야스가 옆으로 불러 손을 잡고 도와줘서 고맙다고 했다"라고 말하자 구로다 요시타카는 "왜 그때 그대로 돌아왔는가. 너의 한 손은 비어 있지 않았던가. 이에야스를 죽이고 그 자리를 빼앗을 수 있었지 않았는가"라고 말했다.

다케나카와 구로다는 무서운 사람들이었지만, 히데요시를 배반한다고는 꿈에도 생각하지 않았다. 히데요시는 다케나카와 구로다를 가마우지 낚시꾼이 가마우지를 이용하는 것과 같이 잘 활용했다. 전성기의 히데요시는 히토타라시(人たらし, 사람들을 좋아하고 사람

리더 스타일 참모 스타일

들로부터 사랑받는 것)의 명인이었다. 사람을 적재적소에 배치하여 활용하는 데는 천재였다. '히토타라시'는 1인자의 자격 중 하나다.

밝고 진취적인 성격은 상승기 히데요시의 또 다른 특징이다. 이름을 도요토미 히데요시로 바꾸기 전의 히데요시는 진보적이고 밝은 성격이었다. 경력이나 출신지를 문제 삼지 않고 능력만 있으면 요직에 등용했다. 사람들의 장점에 대해 칭찬을 아끼지 않았으며 자신의 사람으로 만드는 일에 능숙했다. 히데요시는 사람을 적재적소에 활용할 줄 아는 명인이었다. 이 정도의 안목과 도량이 없는 1인자는 유능한 사람을 구별하고 적절히 활용할 수 없다.

대신 히데요시에게는 무서운 면이 있었다. 성격을 건드리면 어떤 일을 당할지 몰랐다. 채찍과 당근을 적절히 사용할 줄 알았다. 너무 컸다고 생각하면 가차 없이 내치기도 했다. 히데요시가 총애하던 측근인 센 리큐도 할복을 명받았다. 히데요시는 이러한 예가 많아서 부하들이 두려워했다.

기업체에서 유능한 참모를 끌어들이려면 '이 1인자와 함께 일하면 회사가 커지고 나도 큰다'라는 희망을 주어야 한다. 이러한 조직의 유능한 참모는 떠나지 않는다.

2인자를 필요로 하는 1인자

유능한 참모를 발탁할 수 있는 조건은 한 가지 더 있다. '나는 어딘가 모자라는 부분이 있다'라고 자인하는 것이다.

오다 노부나가는 유능한 참모가 없었다. 물론 그의 수족처럼 일한 사람은 많았다. 넘버 2인 아케치 미쓰히데(明智光秀), 넘버 3였던 시바타 가쓰이에(柴田勝家), 넘버 4인 니와 나가히데(丹羽長秀), 넘버 5였던 다키가와 이치마스(滝川一益) 등 유능하고 용맹스런 무장들이 많았지만, 상담하고 의논하는 참모는 없었다. 오다 노부나가는 우수한 사람을 신뢰하지 않았다. 누구도 접근을 허용하지 않았고 스스로 접근하지도 않았다. 비밀이나 고민을 털어놓거나 숨김없이 이야기하지 않았다. 이러한 인물에게 유능한 참모는 있을 수 없다.

오다 노부나가가 유일하게 유능한 참모라고 생각한 사람이 있다면, 아케치 미쓰히데 정도다. 오다는 아케치를 믿었기 때문에 교토에서 가까운 단바(丹波, 현 교토부 중부와 효고현 북동부)의 성을 부여하고 영주로 임명했다. 그전에는 나가하마(長浜)의 성을 맡기는 등 긴키지방(近畿地方, 일본의 옛 수도인 교토와 오사카를 중심으로 한 지역) 요지의 성을 관리하게 했다.

중요한 성을 맡긴 아케치의 경우도 오다가 그와 함께 여러 가지 사안을 상의했다는 기록은 어디에도 없다. 오히려 말기에는 오다의 야성이 터져 나와 아케치의 지성에 반감을 품었다. 아케치도 오다가 황제를 대하는 태도, 아시카가(足利) 집안에 대한 행동, 사원 정책 등이 너무 지나치다고 생각했다. 아케치는 무언가 못마땅할 경우 얼굴에 고스란히 드러나기 때문에 오다는 늘 불안해했다.

오다는 종종 긴칸아타마(金柑頭, 대머리)라는 별명을 부르며 아케치를 구타하거나 사소한 과실에도 지나치게 책망하여 창피를 주곤 했다.

오다가 도쿠가와 이에야스를 접대할 때 연회 담당자로 아케치를 임명했다. 아케치는 오다의 측근 중 가장 교양 있고 예의범절이나 격식에도 능통했다. 오다는 아케치가 음식을 준비하는 주방을 예고 없이 드나들었다. 주방에는 음식 재료가 쌓여 있었고 냄새가 많이 났다. 오다는 후각이 예민한 사람이었다. 이렇게 냄새 나는 음식 재료를 사용하는 것은 예의에 어긋난다고 생각하여 오다는 아케치가 준비했던 음식 재료를 모두 버리고 아케치를 접대 책임자에서 파면해버렸다.

이렇듯 하찮은 일로 모욕을 주거나 불합리한 명령을 내려 아케치를 곤경에 빠트리곤 하던 오다는 결국 혼노지(本能寺)에서 아케치에게 죽임을 당한다.

오다에게는 유능한 인재도 단순한 부하에 불과했다. 천재이자 전지전능한 오다 노부나가에게는 참모는 필요치 않았다.

한편, 히데요시는 학식과 전략, 전술적 능력은 오다보다 무척 열등했다. 게다가 체격도 왜소하고 잘생기지도 못했다. 히데요시는 오다가 원숭이, 쥐새끼라는 별명으로 부를 정도의 외모였다.

히데요시는 자랑할 만한 집안 출신도 아니었고 전투력도 출중하지 못했다. 자신이 지휘한 전투에서 그리 좋은 전과도 내지 못했다. 자신의 결점을 잘 아는 히데요시는 그 부족함을 채워줄 인물, 즉 참모를 주변에 모았다. 히데요시의 브레인 그룹은 실로 대단했다. 전략, 전술에는 다케나카 시게하루(竹中重治)와 구로다 요시타카(黑田孝高), 경제각료에는 고니시 유키나가(小西行長), 관방장관에는 이시다 미쓰나리, 문화정책. 문화고문에는 센 리큐(千利休) 등 쟁쟁한 인물들을 기용했다. 히데요시의 참모들은 각자가 맡은 역할에서 일본 제일의 우수한 인물들이었다. 이러한 점이 오다 노부나가와 도요토미 히데요시의 가장 큰 차이점이다.

히데요시의 통치로 나라가 태평성대일 때, 국가 전체의 관점에서 보면 2인자는 도쿠가와 이에야스다. 이에야스는 나가쿠테(長久手. 현 아이치현 북서부. 나고야 시 동쪽) 전투에서 히데요시에게 한 번 이긴 경력이 있고 간토(關東)를 점유하는 큰 세력이었다. 임진왜란 때 출병하지 않았기 때문에 경제적인 상황이 어렵지 않았다. 임진왜란을 일으키기 전 히데요시는 이에야스를 불러 "내일 오사카 성을 나시면 나를 주군으로 세워달라"고 부탁해 사전 정지작업을 했다. 히데요시는 상황에 맞춰 사전공작을 철저히 했다.

먼 장래를 내다보고 계획을 세우는 도쿠가와 이에야스는 언젠가 자신이 일본을 품에 안을 생각을 가졌음에도 히데요시의 면전에

리더 스타일 참모 스타일

서는 복종했다. 때를 기다리며 경거망동하지 않은 것이다.

히데요시의 정치는 인재가 풍부하다는 면에서는 전무후무했지만 유능한 인재와 훌륭한 참모를 모았으면서도 발군의 2인자가 없었다. 히데요시에게는 '내가 없으면 안 된다'라고 생각하는 2인자가 최후까지 없었다.

변화를 두려워하지 말아야 한다

대기업과 정치권에도 비슷한 일이 종종 있다. 다나카 가쿠에이도 '다케시타(竹下)파의 7중신'이라 불리는 인재를 모았지만, 다나카 가쿠에이 자신이 다방면에 정통하여 총리와 관방장관의 역할을 충분히 할 수 있었다. 그는 2인자가 필요 없었다.

관방장관이었던 다케시타 노보루는 자신이 다나카 내각의 2인자라고 생각했지만, 다나카 가쿠에이는 마지막까지 다케시타를 2인자로 인정하지 않았고 다나카 가쿠에이가 실각한 후 다나카파는 분열할 수밖에 없었다.

2인자가 1인자를 보좌한다는 점에서는 나카소네 총리와 고토다 관방장관의 관계가 이상적이다. 나카소네는 잠시 관료를 했지만 금방 그만두었다. 고토다는 나이가 많아 경험이 풍부했고 관료로서도 유능했다. 관료로서는 정상의 자리인 경찰청 장관까지 올랐고 다나카 가쿠에이의 눈에 들어 정치권에 입문했다. 고토다는 다나카파에서 나카소네에게 보낸 감시자 혹은 견제자라는 느낌도 있었다. 나카소네로서는 고토다에게 한 발짝 정도 거리를 두지 않을 수 없는 상황이었다.

고토다는 나카소네의 후견인이라는 의식이 있었지만, 시간이 지나면서 후견인보다 참모의 역할에 충실했다. 고토다는 경찰관료 출신답게 주어진 업무를 성실하게 수행했다. 그는 맡은 바 소임에 충실한 사람이었다.

나카소네는 자기애가 강한 인물이다. 자기애가 강한 사람은 자기현시도 강하다. 총리가 되고 나카소네는 경제적으로나 정치적으로 한 번 더 과거 일본의 영광을 되찾고자 했다. 나카소네는 제2차 세계대전 때 해군 장교의 생각에서 벗어나지 못했다. 당시는 미국과 대립하면 안 된다는 암묵적인 의식이 일본 체제를 지배하고 있었다. 나카소네는 일본 열도를 불침항모로 만들어 미·일 안전보장조약, 미·일 안보체제를 지킬 것이라고 했다. 일본을 다시 한 번 위대한 나라로 만들려는 나카소네에게 제동을 걸어 일본이 다시 파탄을 맞지 않도록 분수를 지키게 하는 일이 고토다의 임무였고 그는 그 임무를 훌륭하게 수행했다.

나카소네가 조용히 물러날 수 있었던 이유는 고토다가 제2차 세계대전을 경험했고 일본을 또다시 전쟁의 소용돌이로 몰아넣을 수는 없다는 의식이 강했기 때문이다. 고토다는 일본을 전쟁으로

리더 스타일 참모 스타일

몰고 간 원흉은 군부였기 때문에 군부에 끌려 다니게 되면 일본의 체제가 붕괴한다는 생각이 강했다. 고토다는 나카소네가 가진 위험한 생각, 즉 한 번 더 전쟁 전의 체제로 되돌리려는 생각에 철저하게 제동을 거는 중요한 역할을 했다.

2인자는 1인자와 기본적인 가치관이 같을 필요는 있지만, 1인자의 이데올로기와 정책의 위험성을 감지하고 제지하지 못하면 유능한 2인자가 될 수 없다. 기업도 마찬가지다.

고토다는 한 번 결정한 일을 재빨리 능숙하게 처리하는 실무 능력이 뛰어났다. 나카소네 내각이 군국주의에 빠져 다시 아시아 여러 나라를 불편하게 만들지 않도록 미리 주의를 주고 제동을 걸었다. 나카소네는 야스쿠니 신사에 딱 한 번 참배했지만, 두 번은 하지 않았다. 이는 고토다의 브레이크가 작동한 덕분이다.

고토다가 제동을 걸면서 나카소네는 점점 변했다. 1인자가 2인자의 영향으로 변하기 시작한 것이다. 나카소네는 후일 고이즈미 전 총리에게 야스쿠니 신사 참배를 자제하라고 충고했다.

1인자가 유능한 2인자의 영향을 받아 올바른 방향으로 변하는 경우, 참모는 매우 이상적이다. 이렇게 빼어난 2인자와 같이 일하면서 자신이 열등감에 빠지지 않으려면 어느 정도 통이 커야 한다. 이처럼 영웅적인 1인자와 이를 견제하는 유능한 2인자의 조합은 이상적이고 완벽에 가깝다.

5장
2인자의 미학

"1인자를 목표로 삼은 사람이 엄청난 리스크와
싸우려면 유능한 2인자나 참모가
반드시 필요하다.
1인자와 2인자의 관계가 성립하려면
일정한 조건이 있다.
인격, 성품, 사고방식, 삶의 방식이 어느 정도
합치해야 한다. 만남의 행운도 따라야 한다.
이 관계가 잘 이루어지면 1인자의 창의성이
2인자의 능력에 의해 개화한다."

오늘날의 사회, 특히 직장인은 어떤 존재가 되고 싶어 하는가. 최근의 기업에는 1인자가 되고 싶어 하는 사람이 적다. 대기업에서 한 계단 한 계단 밟고 올라가 최고의 자리에 오르는 일은 경쟁도 치열하거니와 매우 힘들어 자의든 타의든 중도에 포기하는 경우가 많다.

자신은 우수한 재능이 있다고 생각해도 주변에서 인정하지 않으면 아무 의미가 없다. 기회가 와서 발탁되려면 자신에게 주어진 일만 해서는 안 된다. 자신이 1인자가 되면 어떻게 할 것인가를 항상 시뮬레이션하는 습관이 필요하다. 실제로 정상에 오른 경영자는 신입사원 때부터 기획서와 보고서의 달인이었다.

최근에는 독립하려는 젊은 직장인도 적지 않다. 창업하려면 적어도 아이디어와 창의력 그리고 독창성이 있어야 한다. 다른 사람의 흉내를 내서는 결코 성공할 수 없다.

독창성을 살려 1인자가 될 수 있지만, 회사를 발전시키려면 나름의 사명감과 이상을 갖고 부하 직원, 거래처, 사회에 대한 노블레스 오블리주를 실천하며 자신을 보좌할 유능한 2인자가 필요하다. 1인자가 창의적이고 2인자가 현실적인 실무 능력이 뛰어나도 노블레스 오블리주 개념이 없으면 성공은 없다.

1인자를 목표로 삼은 사람이 엄청난 리스크와 싸우려면 유능한 2인자나 참모가 반드시 필요하다. 이 책에 열거한 정·재계, 역사상의 인물 중 2인자로서의 삶을 산 사람은 그러한 목표를 세우고 매진한 경우에 해당한다.

제갈공명, 프리드리히 엥겔스, 저우언라이, 오히라 마사요시, 고토다 마사하루, 혼다의 후지사와 다케오, 마쓰시타의 다카하시 아라타로, 도요타의 이시다 다이조 같은 2인자는 상당히 매력적이다. 이러한 2인자가 때로는 1인자보다 매력적이고 친근감을 느끼는 것은 왜일까? 모두 빼어난 능력과 명석한 두뇌를 가졌음에도 1인자를 충실히 지원하고 때에 따라서는 그림자가 되어 지극 정성을 다하고 희생을 마다하지 않은 사람들이었기 때문이다. 이렇듯 남다른 능력으로 2인자의 역할을 멋지게 수행하고 1인자를 지원한 사람들에게서 우리는 '2인자의 미학'을 발견한다.

2인자는 1인자를 알아볼 수 있어야 한다

1인자와 2인자의 관계가 성립하려면 일정한 조건이 있다. 인격, 성품, 사고방식, 삶의 방식이 어느 정도 합치해야 한다. 만남의 행운도 따라야 한다. 이 관계가 잘 이루어지면 1인자의 창의성이 2인자의 능력에 의해 개화한다.

대부분의 1인자는 천재이고 창의성이 뛰어나다. 기업 경영자로는 혼다 소이치로와 도요다 사키치 같은 사람이다. 이에 반해 현실적인 2인자는 후지사와 다케오와 이시다 다이조 같은 인물이다.

하지만 유비 현덕이나 도요토미 히데요시와 같이 말로 설명할 수 없는 친화력과 포용력으로 참모를 매료시키는 1인자도 있다.

1인자는 자기애적인 성격을 가진 사람이 많다. 2인자는 1인자의 나르시시스트적인 요소를 인정하고 보좌해야 한다. 참모로서 자신의 역할을 다하려면 자신의 성격과 1인자의 성격을 확실히 알아야 할 필요가 있다.

1인자에게는 몇 가지 큰 결점이 있다. 이런 결점은 2인자에게 필요한 조건이다. 이런 결점을 메우는 일이 2인자의 역할이기 때문이다. 단, 재능 있고 보좌할 가치가 있는 1인자여야 한다.

자기애 또는 자기애성 인격장애를 가진 사람은 자신만이 특별한 재능이 있다는 자아도취에 빠져 주변 사람들이 자신을 존경하는 것을 당연시한다. 따라서 자신을 비판하는 사람을 용서하지 못하고 다른 사람을 배려하는 정신이 부족해 매우 자기중심적이다. 이 것이 병적으로 발전한 자기애성 인격장애에는 2가지 타입이 있다. 먼저 '무자각적 타입'으로 어머니의 과보호로 자신이 특별한 인간 이라고 생각하는 유형이다. 다른 한 가지는 이와 반대로 '과다 경계 타입'으로 어릴 때부터 부모의 정을 받지 못하고 칭찬받은 적 없이 자랐지만, 적수공권으로 성공했으니 대단하다고 생각하는 유형이다. 이는 자수성가한 사람에게서 잘 나타난다.

2인자로 살아가려면 보좌할 만한 가치가 있는 사람을 만나야 한다. 1인자의 창의성과 천재성을 발견하고 그것을 실현하려고 노력해야 한다. 1인자의 천재적 능력을 발견하지 못하면 2인자가 된다는 노력은 허사다.

1인자가 약해져도 대신하려 하지 마라

창의성 연구에서는 사람을 천재, 수재, 범재의 3가지로 구분한다. 이 책에서 거명한 1인자 중 몇 명은 천재라 불리는 사람이다. 천재는 일반인들이 생각하지 못하는 발상을 하는 데 전무적 재능이 있지만, 거꾸로 보통 사람이 생각하는 것을 생각하지 못하는 결점이 있고 현실 적응에도 문제가 있다. 이러한 천재를 보좌할 수 있는 사람은 현실적인 능력이 있는 수재 타입이 적임이다. 최근에는 창의성 없는 수재 타입의 인물이 1인자가 되는 경향이 있어 큰 발전을 이루지 못한다. 단순한 수재라면 2인자에 충실한 쪽이 더 크게 성공할 수 있다.

2인자의 역할을 훌륭히 수행하는 일이 1인자의 역할보다 더 어려울 수 있다. 1인자와 2인자의 조합이 실패한 예, 즉 2인자의 실패학에서 배워야 한다. 첫 번째 실패의 특징은 1인자가 2인자에게 불신감을 갖는 것이다. 2인자가 자신을 밀어내고 1인자의 자리를 차지하지 않을까라는 불신이 파탄의 원인이다.

다음은 2인자가 1인자의 자리를 탐내는 경우다. 2인자가 최고가 되고자 하면 1인자와 싸워 퇴출시키는 방법밖에 없다. 그렇지 않으면 자신은 파멸한다. 이러한 야망을 품은 사람은 2인자로 만족하지 못하고 둘의 관계가 깨어진다. 1인자와 2인자가 라이벌인 사장과 부사장인 경우는 참모 관계라고 할 수 없다. 과거, 관청에서 동기 중 한 사람이 차관이 되면 다른 동기들은 모두 무조건 퇴임하는 상황에서는 장관에게 좋은 참모가 탄생하지 않는다. 이러한 경쟁구도는 서바이벌 게임에 불과하다.

2인자로 성공하려면 자신의 역할에 충실하고 1인자가 된다는 생각을 버려야 한다. 1인자와 이전투구식의 경쟁의식을 가지면 안된다. 1인자가 일시적으로 약해지더라도 세대교체를 부르짖어서는 안 된다.

참모역을 충실하게 수행하려면 몇 가지 조건이 필요하다. 가장 중요한 것은 1인자의 성격을 이해하고 배려하는 것이다. 1인자의 자기애적 특징인 질투심과 불신감을 받아들이고 1인자가 만약 잘못된 방향으로 나아가도 1인자를 밀어내고 그 자리를 대신하려 하면 안 된다. 이때는 적절한 조언과 제동을 걸 수 있는 능력이 필요하다.

　1인자의 불안감과 불신감이 병적으로 강한 경우에는 애초부터 콤비란 말이 존재할 수 없다. 이때는 빨리 발을 빼야 한다. 병적으로 벌거벗은 임금님 타입의 1인자를 보좌하는 일은 극히 위험하다. 나쁜 일에 가담시키고 토사구팽당하는 경우가 많다.

　가장 거리를 많이 둔 2인자로는 저우언라이다. 저우언라이는 가장 능력 있는 참모였지만 2인자의 자리조차 넘보지 않았다. 2인자의 자리는 류사오치와 린뱌오 등 다른 사람에게 항상 양보하고 서열 3위에 충실했다.

　1인자는 자기애가 강하고 저돌적 성격인 순환기질이 많다. 이 기질은 감정의 기복이 심하고 조증에 빠지는 기간이 길다는 특징이 있다. 이러한 1인자를 보좌하려면 울 상태에 빠졌을 때의 대응이 매우 중요하다.

　울 상태가 되면 침울해지고 의기소침해진다. 자신의 전횡을 반성하고 현실을 돌아보면서 자칫 약해지기 쉽다. 2인자가 1인자의 울 상태를 좋은 기회라 생각하고 무례하게 굴거나 분수 넘치는 행동을 하면 조 상태로 돌아온 1인자는 반드시 복수한다. 1인자가 울 상태일 때 자존심을 건드리지 않는 배려가 필요하다. 1인자가 자신의 성격을 자각하고 제어하면 좋겠지만, 1인자에게 자제 따위는 애당초 기대하지 않는 것이 좋다.

이 책에서 예를 든 인물 중 유비 현덕은 아주 드문 예외다. 유비는 매우 겸허하여 자신의 아들이 능력이 없으면 공명이 대신 황제가 되라고 유언한다. 이러한 도량을 갖춘 유비였기에 제갈공명은 유비가 죽은 뒤에도 유비의 아들을 위해 일생을 바친다.

1인자와 거리를 두어라

1인자와 2인자는 깨지기 쉬운 위험한 관계다. 1인자와 너무 밀착하는 2인자는 위험하다. 원칙을 채워주는 역할을 하지 못하게 된다. 좋은 참모가 되려면 두 사람 사이에 적절한 거리를 두어야 한다.

적절한 거리를 두는 능력은 약간 분열기질에 쿨한 성격의 사람이 적합하다. 혼다 소이치로와 후지사와 다케오, 나카소네 야스히로와 고토다 마사하루는 2인자들의 분열기질이 일정한 거리를 두는 데 적합했다. 공명도 유비와 일정한 거리를 두었고 저우언라이도 마오쩌둥과 거리를 두었다.

2인자가 폭주하는 1인자를 너무 추종하면 안 된다. 위험한 1인자를 추종하고 동조하는 일은 사회적으로도 해가 된다. 조직의 상황을 객관적으로 보고 1인자를 어디까지 보좌해야 하는지 한계를 파악해야 한다.

참고·인용 문헌

- 章映閣(著), 村山孚(譯), 『史傳 諸葛孔明』, 德間書店, 1993.

- 守星洋, 『實說 諸葛孔明-ある天才軍師の生涯』, PHP研究所, 1990.

- 堺屋太一, 『豊臣秀長-ある補佐役の生涯』, PHP研究所, 1985.

- 西田通弘, 『本田宗一郎と藤沢武夫に學んだこと主役と補佐役の研究』, PHP 研究所, 1993.

- 藤沢武夫, 『經營に終わりはない』, 文藝春秋, 1998.

- 大河滋, 『ホンダをつくったもう一人の創業者-受け繼がれる藤沢武夫の敎 え』, マネジメント社, 1998.

- 石田退三, 『トヨタの商賣 成功の 原則』, ワック, 2004.

- 地田政次郎, 『商魂～石田退三, 土光敏夫, 松下幸之助に學ぶ～』, 東洋經濟新報 社, 1990.

- 地田政次郎, 『トヨタ商魂の原点-石田退三經營錄』, PHP研究所, 1984.

- 平田雅彦, 『二人の師匠～松下幸之助と高橋荒太郎～』, 東洋經濟新報社,

1998.

• 高橋荒太郎,『わが師としての松下幸之助』, PHP研究所, 1994.

• 伊藤昌哉,『日本宰相列傳(21)』, 時事通信社, 1985.

• 新井俊三, 森田一,『文人宰相大平正芳』, 春秋社, 1982.

• 社會經濟生産性本部編,『後藤田正晴-二十世紀の總括』, 生産性出版, 1999.

• 板垣英憲,『後藤田正晴 男の美學-永遠のナンバー2』, 近代文藝社, 1996.

• 佐々木淳行, 『わが上司 後藤田正晴-決斷するペシミスト』, 文藝春秋, 2000.

• 中村晃,『秋山眞之-日本海海戰の名參謀』, PHP研究所, 1999.

• 神川武利,『秋山眞之-傳說の名參謀』, PHP研究所, 2000.

• 中內功,『流通革命は終らない-私の履歴書』, 日本經濟新聞社, 2000.

• 大友達也,『わがボス 中內功との一万日』, 中經出版, 2006.

• ハンス-イン,『長兄-周恩來の生涯』, 新潮社, 1996.

• 矢吹晋,『毛澤東と周恩來 講談社現代新書』, 講談社, 1991.

• ウォルター-アイザックソン,『キッシンジャー 世界をデザインした男(上) (下)』, 日本放送出版協會, 1994.

리더 스타일 참모 스타일

이 책은 1인자와 2인자의 기질적 특성과 심리상태를 정신과학으로 분석하고 실제인물을 예로 들며 흥미롭게 설명하였다. 1인자와 2인자의 이상적 조합을 알려주고 심리적 장단점과 지향 또는 지양해야 할 부분을 알기 쉽게 서술하며 기본자세와 소양을 알려준다. 성공 사례와 실패 사례를 정신분석을 통해 해설한 흔치 않은 책이다.

그렇다면 저자 오다 스스무는 1인자 또는 참모로 성공하려면 어떻게 해야 한다고 분석했을까.

먼저 자신이 어떤 기질인지 파악하여 1인자 타입인지 참모 타입인지를 알고 난 다음, 거기에 맞추어 실력을 쌓는 일이 중요하다. 다음은 자신을 알아주고 자신과 맞는 사람을 만나야 한다. 뛰어난 능력이 있어도 이를 알아주고 지지해주는 사람을 만나지 못하면 아무런 의미가 없다. 자신과 잘 맞는 사람을 만나 몰방하는 일이 중요하다. 좋은 파트너를 만나는 일은 어찌 보면 행운이다. 하지만, 좋은 파트너를 알아보는 힘이 있어야 좋은 콤비를 만날 수 있다. 또한, 파트너의 마음을 파악하고 읽어내는 능력이 있어야 한다. 서로의 능력을 인정하고 정신적이고 물질적인 배려를 해야 한다. 특히 2인자나 참모는 1인자의 마음을 잘 헤아려 참모이면서 친구이자 멘토의 역할을 해야 한다. 그래야만 자신의 위치를 지킬 수 있다.

또한, 1인자에게 위협이 되는 2인자가 되어서는 안 된다. 권력을 잡기 전까지는 2인자가 1인자에게 은인이지만, 권력을 잡은 뒤 2인자가 눈엣가시인 경우도 있고 월권을 하거나 비리를 저지르면 큰 골칫거리로 전락한다. 1인자가 마음대로 권력을 휘두르고 싶어 하지만, 2인자나 참모의 눈치를 보지 않을 수 없다. 권력의 맛을 본 1인자는 장기 집권하고 싶어진다. '자신을 밀어내고 1인자의 자리를 차지하지 않을까?'라는 의구심을 품는 순간 1인자와 2인자의 공조는 깨진다.

1인자는 성공한 사람을 말한다. 유능한 1인자나 참모는 강한 추진력이 있고 끊임없는 궁리하고 절제하며 노력한다는 공통점이 있다. 자신이 아무리 좋은 아이디어와 계획이 있다 할지라도 실천하지 않으면 아무런 소용이 없다. 참모 역시 1인자를 잘 보좌하고 1인자의 사상을 실현하려면 추진력이 있어야 한다. 즉 1인자와 참모는 모두 강한 추진력이 있어야 한다는 이야기다.

　우리나라의 대표적인 1인자와 2인자로는 이승만-이기붕, 박정희-김종필, 전두환-노태우와 장세동, 김대중-권노갑, 노무현-문재인, 이명박-이상득, 정주영-이명박, 이건희-이학수 등이 떠오른다. 좋은 콤비는 크게 성공하지만, 좋지 않은 조합은 잠시는 좋지만, 공멸하거나 끝이 좋지 않다.

　리더나 1인자로 성공한 사람은 대체로 웅대한 꿈이 있고 독선적이며 천재적이고 고집이 세지만 조금씩 유형이 다르다.

　큰 꿈을 즉각 실천하고 목표를 향해 매진하는, 과감하고 진취적인 1인자는 현대그룹 창업자인 고 정주영 씨와 도요타자동차의 창업자 도요다 기이치로가 대표적이다. 한번 정한 목표를 향해 꿋꿋이 노력한 타입으로는 김영삼 대통령과 나카소네 야스히로 총리가 있다. 두 사람은 젊은 시절부터 정치가로서 최고를 목표로 한다고 공공연히 이야기하였고 노력을 기울여 목표를 달성하였다.

　인간적인 매력을 발산하여 평생 변치 않는 유능한 참모들을 끌어 모으는 타입은 유비다. 유비는 큰 능력이 없지만, 도량이 크고 인품이 후덕하여 많은 사람이 따랐다. 도요토미 히데요시는 자신이 지닌 능력의 한계를 깨닫고 테크노크라트를 이너서클로 모아 최강의 참모진을 구축하였다. 이렇게 1인자의 요건을 한 마디로 표현할 수는 없지만 다른 사람이 가지지 못하는 특별한 능력이 있어야 한다.

저자인 오다 스스무는 최고의 2인자로 제갈공명을 꼽는다. 최고의 2인자를 꿈꾸는 사람은 제갈공명의 처신과 사상을 잘 연구하면 많은 도움이 될 것이다. 1인자는 공명 같은 2인자를 발탁할 수 있어야 하고 2인자는 자신의 능력을 충분히 발휘하며 의를 지켜야한다.

특정 참모가 권력을 독점하여 1인자에게 접근하지 못하게 벽을 쌓아 실패한 예도 있다. 도요토미 히데요시의 경우 이시다 미쓰나리의 과다한 충성으로 정보가 차단되고 참모들이 분열한다. 우리나라에서도 박정희가 자신의 권좌에 위협을 느낀 나머지 강력한 2인자인 김종필을 내쳤고 정주영은 자신이 키운 2인자인 이명박과 끝이 좋지 않았다. 이렇듯 1인자와 2인자가 마지막까지 잘 맞추어가는 일은 매우 어렵다. 심한 경우, 죽음을 당하는 사례도 있다. 박정희 대통령과 오다 노부나가는 참모에 의해 횡사했다. 두 사람 모두 참모에게 인격모독에 가까운 면박과 불이익을 준 것이 원인이 되어 죽는다. 이는 1인자가 너무 강하여 참모들을 함부로 대했기 때문이다. 2인자는 자신의 주군을 무너뜨리지만, 1인자가 되지 못하고 1인자와 공멸한다. 결국, 엉뚱한 사람이 권력을 잡는다. 이는 1인자와 2인자가 잘 맞지 않으면 같이 무너진다는 교훈을 주는 사례들이다.

이 책은 고도성장 시기의 일본기업 1인자와 2인자의 관계와 정

리더 스타일 참모 스타일

신구조도 다루고 있다. 황금시대를 구가한 일본기업을 돌이켜보면, 천재적인 1인자와 실무자인 2인자의 협력으로 통 크고 창조적인 경영을 하였고 고용안정과 노블레스 오블리주의 실천하였다.

　이들은 1인자와 2인자의 관계도 중요시하였지만, 올바른 회사 풍토를 만드는데도 주력하였다. 모든 책임을 지고 강력하고 일관되게 일을 추진하였다. 마쓰시타 고노스케와 다카하시 아라타로, 혼다 소이치로와 후지사와 다케오, 도요다 사키치와 이시다 다이조는 종신고용과 책임경영으로 종업원을 안정시켰다.

　어떤 책에는 1인자는 조령모개해야 한다고 주장하지만, 이는 옳지 않다. 조령모개는 '자꾸 바꿔서 종잡을 수 없음을 비유한 말'이다. 즉 조령모개는 변덕이 심하다는 뜻이다. 변덕이 심하고 팔랑귀를 가진 사람은 스케일이 크지 못하다. 구멍가게 빨리빨리 사장이나 좀팽이 정치인에 불과하다. 부하직원들도 갈팡질팡 중심을 잡지 못한다. 여기에 길든 사원들은 사장의 기분을 거스르지 않게 적당히 행동한다. 어차피 바뀔 것이니 적당히 추진하고 복지부동한다. 독선적이고 자기중심적인 리더는 조령모개하는 것을 아무렇지 않게 여긴다.

　회사의 최고경영자나 간부는 신중하게 기획하고 일관성 있게 일을 추진해야 한다. 부하직원에게 일을 맡기면 항상 체크하고 상의해야 한다. 물론 큰 결함이나 문제를 발견하면 고쳐야 하는 것은 당연하다. 조령모개하는 리더는 상당히 피곤하여 좋은 참모가 남아있을 턱이 없다. 10명의 신입사원이 입사하면 10명의 고참사원이 퇴사하는 회사다. 이런 회사는 결국은 사장에 대한 신뢰가 무너져 망하고 만다. 혼다기연의 2인자인 후지사와 다케오는 기획의 천재였고 확신 있는 일은 책임지고 강력하게 추진하였다.

실패를 감싸 안고 다시 기회를 주는 것이 진정한 1인자나 간부의 역할이다. 최고경영자나 간부들이 실패자를 인생의 낙오자로 생각하는 풍토를 없애야 한다고 설파하지만, 실제로 그러기는 매우 어렵다. 잘못된 의견을 개진하면 욕을 먹고 실패하면, 자신이 책임을 져야 하는 풍토에서는 창의적인 인물이 나오기 어렵다.

일본에서 고속 성장한 모터회사인 '일본전산'의 영업을 담당했던 한 직원이 자신이 개척한 회사가 부도가 나 7천만 엔의 피해가 났고 이 때문에 회사가 매우 어려워졌다. 하지만, 열심히 일하다 벌어진 것임을 안 사장은 그 직원을 해고하지 않고 이렇게 말하였다. "이번 일로 많은 공부 했지, 공부했으면 됐다." 그것이 끝이었다. 그 직원은 지금 일본전산의 영업총괄 이사이고 회사에 많은 공헌을 하였다. 도요타 중흥의 할아버지라고 불리는 이시다 다이조도 "개인의 성장이 회사의 성장"이라 말하며 회사를 열정의 도가니로 만들어 크게 성장시켰다.

일을 열심히 할 수 있게 독려하는 것은 중요하지만, 직원들이 해고될지도 모른다는 생각을 하면 그 회사는 절대로 성장하지 못한다. 직원들이 언제 잘릴지 모른다는 불안감에 휩싸이면 예스맨,

복지부동이 횡횡하여 자유로운 의사 개진이 사라진다. 잘못하다가는 철퇴를 맞을 수도 있다는 우려 때문에 창의적인 의견을 내 놓지 못하고 퇴보하기 시작한다. 아키야마 사네유키 같은 일개 하급 장교가 자신의 능력을 십분 발휘하여 창의적인 전략을 세운 것도 열린 조직이었기 때문에 가능하였다.

1인자를 꿈꾸는 사람이건, 2인자를 목표로 하는 사람이건 자신이 그 위치에 올랐을 때, 어떻게 할 것인지를 끊임없이 시뮬레이션하고 마인드맵화하는 일을 생활화하고 노력하여야 한다.

사람은 누구나 자신이 잘하고 있다고 생각한다. 인간은 자신의 잘못을 잘 알지 못하고 잘못하더라도 합리화하는 경향이 강하다. 그렇게 합리화하지 않으면 살아가기 힘들지도 모른다. 하지만, 자신의 장점과 단점을 파악하고 꾸준히 개선하는 습관을 들여야 한다. 습관은 제2의 천성이며 성공하는 사람들은 노력을 게을리하지 않는다. 심지어 안철수 교수 같은 사람도 "나는 다른 사람보다 그다지 머리가 좋지 않다. 남들보다 더 잘하려 2배 3배 더 열심히 노력한다"라고 말하였다.

인간은 분수를 알아야 하지만 자신의 분수를 높이려 끊임없이 노력해야 한다. 오리의 실력을 갖춘 사람에게 독수리의 업무를 맡기지 않는다. 1인자나 참모의 정신구조와 역할을 숙지하고 준비하는 사람는 반드시 자신의 목표를 이룰 수 있다.

누구에게든 행운이나 기회가 온다. 기회가 왔을 때 잡을 수 있는 능력을 길러야 한다. 기회를 잡을 능력이 없으면 기회는 지나가버린다. 심한 경우에는 기회가 왔는지 조차도 모른다. 노력하지 않는 행운은 로또밖에 없다.

　이 책은 최고경영자나 정치인이 임원이나 참모와 어떻게 맞추어야 하는지를 알려주고 조직의 발전을 이루는 방법을 설명하여 자신을 다시 돌아보는 계기를 제공해줄 것이다. 중간관리자나 사회초년생은 자신이 모시는 사장 혹은 상사가 어떠한 타입의 리더인지 파악할 수 있고 자신의 기질을 자각해 빼어난 1인자나 유능한 참모가 되려면 어떻게 해야 하는지를 알 수 있어 많은 도움이 되리라 믿는다.

고경문

하룻밤에 읽는 한국사 (개정판)

25만 독자가 선택한 한국사의 결정판! 선사시대부터 근현대사까지 한국사의 흐름을 흥미로운 주제를 통해 간결하게 정리하여 전체적인 시대상을 아우른다. 각 주제는 서너 쪽의 짧은 호흡으로 나뉘어 있고 이해를 돕는 그림과 사진이 곁들여져 있다.

최용범 지음 | 428쪽 | 값 13,500원

조선의 마지막 황태자 영친왕

조선왕조 500년의 마지막 페이지, 영친왕! 영친왕이라는 열쇠구멍으로 들여다본 조선 왕조의 몰락과 왕실 사람들의 말로, 그리고 이를 둘러싼 현대사 이면의 숨겨진 이야기들을 당사자들의 생생한 육성에 실어 흥미진진하게 서술한다.

김을한 지음 | 336쪽 | 값 14,800원

왕의 투쟁 : 조선의 왕, 그 고독한 정치투쟁의 권력자

500년 조선사 속의 네 왕(세종, 연산군, 광해군, 정조)을 통해 죽을 때까지 투쟁해야 하는 권력의 고독한 본질을 집약적으로 보여준다. 성군부터 폭군까지 조선을 대표하는 네 왕의 비교를 통해 그들의 특징적인 권력 사용법과 그 명암을 바라본다.

함규진 지음 | 384쪽 | 값 15,000원

108가지 결정

이이화, 박노자, 이덕일 등 우리 시대 역사학자 105명이 우리 역사의 흐름을 바꾸어 놓았던 결정적 선택 108가지를 가려 뽑았다. 기원전 194년 위만의 쿠데타에서, 2005년의 '부계 성씨 강제 조항 폐지'에 이르기까지 굵직굵직한 역사적 결정들을 한 번에 꿰뚫어 볼 수 있다.

우리시대 역사학자 105명 선정 | 함규진 지음 | 488쪽 | 값 16,500원

난세에 간신 춤춘다 : 한국사 간신열전

우리는 왜 간신을 연구해야하는가? 오늘날의 시각으로 재조명한 한국사 속 간신 19명이 소개된다. 이 책의 장점은 간신을 기존의 시각에서만 바라보지 않고 현대의 시각으로 재조명해 인물들의 객관적인 모습을 드러냈다는 점이다. 또한 그동안 당연하게 여겨져 온 역사 상식 중에 잘못된 점도 밝힌다.

최용범&함규진 지음 | 316쪽 | 값 13,500원

뜻밖의 세계사 : 신화적 인물은 없다

신화적 인물은 없다! 역사적 인물들의 정형화된 모습에 가려진 뜻밖의 사생활! 우리가 잘 알고 있다고 생각하는 위인들의 숨겨진 이야기를 알아 가는 것은 역사를 제대로 이해하는 하나의 흥미로운 방법이 될 것이다.

엄창현 지음 | 365쪽 | 값 13,000원

측천무후 : 제국을 창업한 세계사 유일 여황제

권력욕에 사로잡힌 잔혹 무도한 악녀인가? 번영의 제국을 건설한 위대한 국가 경영자였는가? 세계사에서도 유일무이하게 제국을 창업한 측천의 숨겨진 역사를 조명한다.

도야마 군지 지음 | 박정임 옮김 | 정동준 감수 | 263쪽 | 값 9,900원

유곽의 역사

한국 집창촌 100년사를 한 권에 정리했다. 저자는 성매매 현장인 집창촌이 어떻게 생겨났고, 어떤 변화의 과정을 겪었는지를 생생하게 보고하며 우리가 모른 척했던 음지의 역사를 되짚는다.

홍성철 지음 | 360쪽 | 값 18,000원

여인들의 한국사

한국사 최초의 여류 시인인 여옥에서부터 소서노와 우왕후, 설화로 전해 내려오는 한국의 잔 다르크 설죽화와 녹족 부인, 그리고 임진왜란 당시 일본으로 끌려간 조선의 여인들과 제주도의 여걸 김만덕 등 고조선부터 조선에 이르는 한국사를 굵직굵직한 여인들의 삶을 펼쳐놓는다.

성율자 지음 | 김승일 옮김 | 248쪽 | 값 13,500원

역사인물 인터뷰

독재자, 역적, 요부 등 극단적 평가를 받고 있는 13명의 세계사인물들에 대한 오해와 편견을 해명하고 그들의 감추어졌던 진실을 이야기한다. 저자는 그들에게 또 다른 진실이 있지 않을까, 그들이 꿈꾸었던 세상은 어떤 것이었나, 그들은 일생을 통해 무엇을 찾고자 했는가, 또 어떤 것을 가장 소중히 여겼는지를 좌도 우도 아닌 한가운데의 시선으로 상상하고 읽어낸다.

최용범 지음 | 312쪽 | 값 13,500원

비즈니스 클래식1

원점에 서다: Back to the Basics

삼성에서 세 번이나 사내 출간하고 사원들의 필독서로 지정했던 『원점에 서다』는 모든 창조경영의 핵심이 바로 목적 지향적 사고에 있다고 강조한다. 책의 내용이 실제 업무와 밀착되어있어, 기업에서 바로 응용하여 적용 가능하다.

사토 료 지음 | 강을수 옮김 | 224쪽 | 값 10,000원

비즈니스 클래식2

살아남는 회사: Survival Company

『원점에 서다』의 현장실천 편! 보이지 않는 곳에서 기업의 생존을 좌우하는 사소하지만 결정적인 요인, 코스트! 원자재 값과 시간당 인건비가 하늘 높은 줄 모르고 치솟는 기업의 적자생존 시대, 코스트 관리가 생존전략이다!

사토 료 지음 | 강을수 옮김 | 240쪽 | 값 12,000원

비즈니스 클래식3

마케팅의 과학: Back to the Basics-Marketing Science

일본에서 50년간 100만 부 판매된 마케팅의 바이블! 판매에 도움이 될 데이터의 수집 방법과 활용의 중요성을 강조한다. 실전에서 터득한 저자의 사례는 언제든 현장에서 활용할 수 있다. '판매하면서 조사하고, 조사하면서 판매하자.'

가라쓰 하지메 지음 | 박정임 옮김 | 260쪽 | 값 12,000원

논어와 주판

중국 지도층이 주목하는 경영의 나침반! 서양의 경영학에는 피터 드러커, 동양의 경영학에는 시부사와 에이치가 있다! '일본 금융의 왕' '일본 근대 경제의 최고 영도자' '일본 현대 문명의 창시자'가 된 시부사와 에이치의 강연집. '왼손에는 『논어』, 오른손에는 주판을 들고' 일본을 굴기시킨 시부사와 에이치의 비결이 담긴 저서다.

시부사와 에이치 지음 | 노만수 옮김 | 357쪽 | 값 19,800원

CEO의 습관: 성공하는 CEO를 만든 아주 작지만 특별한 49가지 습관

성공과 실패를 가르는 2%의 차이, 그것은 바로 습관이다! 조직에서 행복한 직장인으로 승리하기 위한 구체적 전략을 담은 책. 성공한 CEO를 벤치마킹하여 CEO들의 사소한 일상과 습관, 버릇 등을 포착해서 에세이처럼 풀어간다.

김성회 지음 | 280쪽 | 값 12,000원

10인 이하 회사를 경영하는 법

작은 회사의 사장이 기본으로 삼아야 할 경영노하우는 무엇인가. 급변하는 경영환경에 민첩하게 대응해야 하는 작은 회사가 어설프게 '대기업 경영'을 지향하거나 흉내내다가는 살아남지 못한다. 이 책은 보통의 경영학 이론서에서 찾아보기 힘든, 작은 회사만의 경영 특성 및 요령, 위기관리법 등을 명쾌하게 제시한다.

이시노 세이이치 지음 | 고경문 옮김 | 212쪽 | 값 12,000원

CEO 공학의 숲에서 경영을 논하다

핸드폰 없는 세상, 자동차 없는 세상은 상상조차 할 수 없다! 공학 비전공자인 CEO, 중간 관리자, 마케팅 담당자들이 알아야 할 공학 상식과 미래 기술의 방향을 친절하게 안내하고 있는 책. 아울러 저자는 앞으로 경영 마인드와 공학 마인드의 통섭을 모색하는 발전적인 움직임을 우리 사회와 비즈니스 현장에서 더 많이 볼 수 있게 될 것이라고 조언한다.

김송호 지음 | 287쪽 | 값 12,500원

강한 회사로 키우는 CEO의 경영노트

경영자가 반드시 알아야 할 기업의 언어인 회계 전반에 대한 쉽고 적용하기 편한 실천적 지침서. 회계학 공부에 시간을 빼앗기지 않고 실전에 필요한 내용만 바로바로 적용하기를 바라는 CEO에게 이 책은 친절한 도우미 역할을 해줄 것이다.

윤종훈 지음 | 188쪽 | 값 9,800원

사장의 원점 : 마음, 인간, 사회를 관통하는 경영철학

중요한 판단의 기로에서, 혁신의 최전선에서 최고경영자가 가져야 할 마인드와 리더십은 어떤 것인가. 50년 경영 컨설팅의 노하우로 최고경영자를 위해 최고경영자의 의미를 해부한 이 책이 그 해답을 제시한다. 『원점에 서다』의 CEO 편.

사토 료 지음 | 박정임 옮김 | 208쪽 | 값 10,000원

1인자를 만든 2인자들

타원합 참모 리더십을 발휘해 1인자를 성공시킨 2인자들의 이야기를 담고 있다. 미국 버락 오바마를 대통령으로 만들어낸 '현실적 이상주의자' 데이비드 액설로드, 위기의 삼성을 슈퍼 재벌로 키운 '이건희의 고굉지신' 이학수, 500년 조선왕조를 디자인한 '민족사 최강의 경세가' 정도전 등 걸출한 2인자들이 소개된다.

이철희 지음 | 352쪽 | 값 13,500원

십이지 경영학 : 위험 시대를 돌파해나갈 CEO를 위한

'혁신 경영의 달인' 손 욱 전 농심 회장이 말하는 성공하는 CEO를 만드는 경영 기본기. 십이지 열두 동물에게서 위기 경영의 지혜를 배운다! 탁월한 CEO는 위기를 읽는 눈부터 남다르다. 위기를 간파했다면, 다시 경영의 기본기를 다지라!

손욱 지음 | 264쪽 | 값 12,500원

그린칼라 이코노미

환경과 경제 문제를 동시에 해결하는 해법이 여기 있다! 녹색 일자리 500만개 창출 정책의 밑그림을 그린 책. 오바마 미국 대통령의 정책브레인 반 존스가 제시하는 그린뉴딜의 모든 것! 아마존, 뉴욕타임즈 베스트셀러.

반 존스 지음 | 로버트 F.케네디 2세 서문 | 함규진&유영희 옮김 | 320쪽 | 값 14,800원

만화로 보는 한국형 가치투자전략

가치투자는 복잡하고 어렵다? 이제 만화로 보며 쉽게 익히자! 가치투자를 처음 시작하는 사람에게 기업을 보는 눈을 알려주고 그 다양한 응용법을 단계별로 사례를 통해 자세히 알려준다.

최준철&김민국 원저 | 윤상석 구성&그림 | 296쪽 | 값 13,000원

나는 매일 농장으로 출근한다

직장살이가 힘들 때 모두들 한 번씩 꿈꾸는 전원생활. 저자는 스타농민 15인 각각의 이야기를 인물별이 아닌 사례별로 엮어 교육, 문화를 포함한 농장 생활사부터 연구, 마케팅을 포함한 비즈니스까지 각 부분을 세세히 전달한다.

한국벤처농업대학 기획 | 이우형 지음 | 272쪽 | 값 12,000원

마흔 살의 승부수

서른은 아직 준비기간, 마흔이야말로 도전의 적기다! 막 마흔에 접어든 후배와 격랑의 40대를 보내고 50대에 들어선 선배가 함께 저술한 이 책은 마흔에 새로이 출사표를 던진 사람들의 거침없는 분투기이다. 지금 마흔이라면, 기뻐해라. 드디어 드라마틱한 역전이 시작된다!

오귀환&이우형 지음 | 255쪽 | 값 11,000원

이그노어! 너만의 생각을 키워라

'How to be creative'라는 카툰 블로그를 운영하면서 네티즌들의 열렬한 호응을 받으며 수백만 회의 다운로드를 기록한 휴 매클라우드의 삶과 조직, 창의성에 대한 근본적인 통찰을 담은 책. 좋은 아이디어를 견제하려는 주변 사람들은 무시하고 용기 있게 밀고나가라는 조언 등 상식을 뒤집는 참신한 생각들을 저자만의 독특한 스타일로 제시하고 있다.

휴 매클라우드 지음 | 이원 옮김 | 188쪽 | 값 12,000원

일하는 행복

일본이화학공업이 생산하는 제품은 모든 제조 과정을 지적장애인들이 담당함에도 불구하고, 자체 공정 개혁을 통해 까다롭기로 유명한 일본공업규격(JIS)을 거뜬히 통과했다. 또한 이들 제품은 일본 내 시장 점유율이 무려 30%를 넘는 위력을 떨치고 있다. 책은 누구나 일을 하며 행복해하는 세상을 꿈꾸는 오야마 야스히로 대표와 지직장애인들의 감동 넘치는 사연을 생생하게 전한다.

오야마 야스히로 지음 | 고경문 옮김 | 192쪽 | 값 12,000원

내 사람을 만드는 CEO의 습관

20여 년 동안 1천여 명 넘는 CEO들을 만나 교류해온 CEO 전문기자 출신의 CEO 리더십 전문 칼럼니스트 겸 작가이다. 저자는 오랜 세월 동안 수많은 CEO와 오피니언 리더들과 교류하며 가까이서 그들의 면면을 직접 관찰?취재하면서 터득하게 된 '내 사람으로 만드는 CEO의 특별한 습관'들을 명쾌하게 풀어낸다.

김성회 지음 | 288쪽 | 값 13,500원

페이퍼로드
문학과 사회

나 홀로 볼링 : 볼링 얼론–사회적 커뮤니티의 붕괴와 소생

미국이라는 공동체의 시민 생활과 사회생활에 무슨 일이 벌어졌는가? 과거 미국은 보통 일과 후에 함께 어울려 볼링을 즐기고 했다. 그러나 1960년대 후반부터 미국에서 '나 홀로 볼링'을 하는 사람이 늘어났다. 이 책은 '혼자서 볼링을 하게 된 미국인들'의 일그러진 자화상을 보여줌으로써 신자유주의의 흐름 속에서 개인이 원자화됨을 고발하고 있다. 21세기 미국의 미래를 연 정치사회학의 신(新)고전 베스트셀러!

로버트 D. 퍼트넘 지음 | 정승현 옮김 | 720쪽 | 값 38,000원

본 투 런, 신비의 원시부족이 가르쳐준 행복의 비밀

멕시코의 험준한 오지에 깊숙이 터를 잡고 살아온 원시부족 타라우마라족. 맨발로 사슴을 쫓아가 잡는다는 그들은 말 그대로 달리는 사람들이다. 이 책은 타라우마라 부족의 삶과 문화, 달리기와 행복의 비결, 그리고 그들이 문명세계의 울트라러너들과 펼치는 숨 막히는 레이스를 서술한다. 아울러 저자는 인류 생존의 진실과 맨발의 비밀 등 달리기에 관한 근본적인 질문들을 던진다.

크리스토퍼 맥두걸 지음 | 민영진 옮김 | 408쪽 | 값 14,800원

글쓰기 필수비타민 50

글쓰기 공포 탈출, 기본만 알면 쉽다!〈중앙SUNDAY〉연재 당시 독자들의 열광적 지지를 받은 간단명료한 50가지 글쓰기 노하우를 엮은, 가장 쉽고 실용적인 글쓰기 책. 현직 기자가 정리한 실용적 글쓰기 원칙들이 기존의 글쓰기 교재와 구별된다.

김상우 지음 | 224쪽 | 값 8,800원

법정의 고수: 신 변호사의 법조 인사이드 스토리

서초동 현직 변호사가 말하는 판사, 검사, 변호사들의 생생한 법정 안팎의 이야기!
이 책은 법정변론활동과 판결문을 소재로 사건 자체보다는 사건을 통해 드러나는 변
호사, 판사, 당사자들의 관점이나 가치관을 다루고 있다. 그 과정에서 의뢰인에 대해
가슴으로 공감하고 진심으로 그들을 도우려고 애쓰는 인간미 넘치는 변호사, 판사의
모습이 소설보다 더 생동감있게 그려진다.

신주영 지음 | 316쪽 | 값 13,500원

소년 H 1, 2

일본 최고의 무대미술가로 유명한 세노오 갓파가 자신의 어린 시절을 1인칭 시점으
로 쓴 자전적 소설. 중일·태평양 전쟁(1937년~1945년) 속에서 학창 시절을 보내고 미
군정 치하에서 '간판집 일꾼'으로 17세에 독립을 하는 이야기 속에서 주인공 '소년
H'의 유년 시절과 당시 일본의 상황을 있는 그대로 그려낸다. 출간 이후 일본에서만
300만 부 이상이 팔린 초대형 베스트셀러.

세노오 갓파 지음 | 오근영 옮김 | 382쪽·399쪽 | 값 9,800 원

정글

20세기 초 미국 리얼리즘 문학의 정수로 꼽히는 소설. 시카고 식육 공장 지대의 비인
간적인 상황과 이윤을 위해 인간의 생명을 위협하는 시카고 도축장의 실태를 리얼리
즘 수법으로 담아낸다. 출간 당시 루스벨트 대통령에게 보내져, 미국식품의약국
(FDA)의 설립과 미국 식품의약품위생법 및 육류검역법 제정에 기폭제가 되기도 했다.

업튼 싱클레어 지음 | 채광석 옮김 | 607쪽 | 값 14,800원

부산독립선언: 지방은 식민지인가? 지방분권과 도시국가를 향하여

'대한민국 제2의 도시'라는 부산. 하지만 실제 현실은 그저 덩치만 크고 인구만 많은
도시이지 명성에 걸맞는 도시의 모습을 가지고 있지 못하다. 이 책은 부산의 지식인
과 학자, 정치인과 경제인 등이 부산의 문제를 공유하고 그 대안을 찾아나간 과정을
담은 것이다. 아울러 각 지역이 자치권을 갖는 도시국가 수준으로까지 나아가는 길
목을 가로막고 있는 벽은 무엇인지, 그 벽을 부술 방안은 무엇인지 모색한다.

박창희&이승렬 지음 | 224쪽 | 값 12,000원

을숙도, 거대한 상실: 낙동강 하구 30년 막개발 탐사

세계가 부러워하는 철새도래지 낙동강 하구 을숙도. 지난 30여 년간 준설토 적치장,
쓰레기 매립장, 분뇨처리장 등이 들어서면서 드라마틱한 생태 파괴의 현장이 되었던
을숙도의 현재진행형 위기를, 20여 년간 을숙도를 탐사한 저자가 아름다운 새들의
에덴이었던 을숙도의 순결한 자연이 어떻게 유린되었는지 통찰한 최초의 을숙도 탐
사보고서다.

박창희 지음 | 287쪽 | 값 13,500원

함평 나비혁명 : 에버랜드보다 높이 난 시골축제의 기적

국내 최고의 축제가 된 함평 나비축제. 내세울 만한 관광자원도, 산업시설도, 평야지
대도 없는 함평이 나비 하나로 전국에 우뚝서게 되기까지 함평 나비축제의 탄생에서
성공에 이르는 과정을 5년여 간 취재해온 중앙일보 이코노미스트 전문기자 겸 지역
연구센터소장 이재광과 송준 작가가 재구성했다.

이재광&송준 지음 | 232쪽 | 값 12,000원

함평 나비축제의 성공 요인 연구

함평 나비축제가 어떻게 발전했고, 왜 성장했는가를 다룬 전문가들의 연구결과를 엮
은 책이다. 함평나비축제의 성공 요인에 대해 알고 싶은 지자체나 지자체 공무원, 전
문가, 그리고 일반인에게 많은 시사점을 줄 것이다.

이재광 엮음 | 205쪽 | 값 12,000원

민주주의의 정치적 기초

민주주의 체제 아래서 왜 정당과 정부라는 조직이 필요하며, 인민들과 어떤 상호 관
계를 맺고 작동하는지 간결하면서도 명확하게 다루고 있는 정치학의 고전! 미국을
대표하는 정치학의 거목인 저자 E.E. 샤츠슈나이더는 '정당과 민주주의(Political
Parties and Democracy)'라는 책의 원 제목에서도 알 수 있듯 정당은 현대 민주주의 체
제에서 어떠한 연유로 등장하게 되었는지 그 핵심 상황과 가치를 다루고 있다.

E.E. 샤츠슈나이더 지음 | 이철희 옮김 | 160쪽 | 값 12,000원

페이퍼로드
건강과 실용

오래 사는 병, 당뇨 : 이영만의 유쾌한 당뇨 쟁투기

몹쓸 병으로만 보이는 당뇨가 오히려 당신의 삶을 더 건강하게 만들어 줄 수 있다면?
10년 당뇨지기 불량환자인 저자가 당뇨 환자의 입장에서 진솔하고 유쾌하게 당뇨
체험을 풀어냈다. 저자는 책에서 양방과 한방을 넘나드는 당뇨 치료법은 물론 자신
의 병을 알리고 부끄러워하지 말 것을 강조하며 또한 운동과 식습관, 약물을 통한 관
리방법을 소개한다.

이영만 지음 | 237쪽 | 값 9,900원

아빠, 엄마 반만큼만 해라

불량아빠와 쿨한 아들의 좌충우돌 성장기. 육아와 교육에서 엄마보다 한 발짝 비켜서 있는 아빠의 시선으로, 이 시대를 살아가는 부모라면 한번쯤 부딪혔을 육아현실, 주먹다짐, 아이들 세계의 우정, 이성교제, 사교육 등을 아들과의 이야기를 통해 진솔하게 풀어낸다.

기동민 지음 | 256쪽 | 값 12,000원

사계절 주말마다 떠나는 걷기 좋은 산길 55

서울에서 제주도까지 우리나라 구석구석 걷기 좋은 산길 중에서도 계절의 풍취를 오롯이 만끽할 수 있는 산길, 자연과 하나 될 수 있는 산길에 집중했다. 파릇파릇 돋아나는 새순과 살랑대는 들꽃 가득한 봄 산길, 울창한 숲과 옥빛을 담은 계곡의 비경에 취하는 여름 산길, 푸른 하늘 아래 황홀한 단풍과 낙엽 위를 사각사각 밟는 호젓한 가을 산길, 나뭇가지마다 환상적인 상고대(얼음꽃)의 매력에 압도되는 겨울 산길 등 계절의 진면목을 만날 수 있는 산길들을 정감있게 소개한다.

진우석 지음 | 360쪽 | 값 16,500원

치과의 비밀

다양한 주제에 걸쳐 꼭 알아야 할 치과 상식 70가지를 일목요연하게 정리하고 있다. 잇몸약이나 구강청정제에 대한 잘못된 상식이 치아 건강에 치명적일 수 있다는 경고에서부터 치아 교정과 임플란트처럼 큰돈이 들어가는 치과 치료에 대한 기본적인 지식, 치과 치료비라는 민감한 주제에 대한 솔직한 설명 등 어디서도 쉽게 들을 수 없는 유익한 정보를 가득 담고 있다.

류성용 지음 | 312쪽 | 값 13,500원

리더 스타일 참모 스타일

초판 1쇄 발행 2011년 2월 15일

지 은 이 오다 스스무(小田晋)
옮 긴 이 고경문

펴 낸 이 최용범
펴 낸 곳 페이퍼로드
출판등록 제10-2427호(2002년 8월 7일)
　　　　　서울시 마포구 연남동 563-10번지 2층

기　　획 고경문, 이송원
편　　집 김정선, 김남희
마 케 팅 윤성환
경영지원 임필교
디 자 인 장원석

이 메 일 book@paperroad.net
홈페이지 www.paperroad.net
커뮤니티 blog.naver.com/paperoad
Tel (02)326-0328, 6387-2341 | Fax (02)335-0334

I S B N 978-89-92920-52-0 03320

· 책값은 뒤표지에 있습니다.
· 잘못 만들어진 책은 구입하신 곳에서 바꾸어 드립니다.
· 이 책은 저작권법에 따라 보호받는 저작물이므로 무단 전재와 무단 복제를 금합니다.